nF418722

MITOS Y LEYENDAS
DEL PUEBLO MAPUCHE

MITOS Y LEYENDAS DEL PUEBLO MAPUCHE

Relatos de la tradición oral

RECOPILACIÓN DE JUAN ANDRÉS PIÑA

Investigación: Eloísa García

Catalonia

Piña, Juan Andrés

Mitos y Leyendas del pueblo mapuche/Juan Andrés Piña

Santiago de Chile: Catalonia, 2021
186 p. 15 x 23 cm

ISBN: 978-956-324-867-8

GRUPOS RACIALES, ÉTNICOS, NACIONALES
305.8

Diseño de portada: Guarulo & Aloms
Diseño de interior: Sandra Conejeros www.sandraconejeros.com
Ilustraciones: Valentina Santiagos O.
Corrección de textos: Genaro Hayden
Dirección editorial: Arturo Infante Reñasco

Composición: Salgó Ltda.

Primera edición: julio de 2021
ISBN: 978-956-324-867-8
Registro de propiedad intelectual: trámite 3sf5q7 (18/6/2021)

ÍNDICE

La magia de los relatos y la riqueza de una lengua

El presente volumen es una recopilación de los más importantes mitos y leyendas de origen mapuche que se conservan hasta hoy.

Aquí entendemos mito como una narración de acontecimientos extraordinarios, fantásticos y trascendentes relativos a lo cósmico, a la creación y destrucción del mundo y del ser humano, donde intervienen dioses y semidioses. Por ejemplo, cómo nació el universo, de qué manera fueron creadas las personas, qué hay más allá de la muerte y otros asuntos de carácter religioso. (Es el caso de la primera parte de este libro).

La leyenda, en cambio, es un género narrativo de transmisión oral que combina elementos reales y comprobables con otros maravillosos, y que se refiere a aspectos variados de naturaleza más común: por qué un lago del sur es salado, de dónde proviene el nombre de una flor, cómo se extinguió un volcán o de qué manera un espíritu poderoso ayudó a una comunidad. En muchos casos, las leyendas sirven para trasmitir valores. Ambos relatos son propios de todas las culturas.

Es importante enfatizar sobre la oralidad de los relatos contenidos en estas páginas. Ellos fueron narrados a través de distintas generaciones, recogidos por personas —especialistas o no— interesadas en preservar aquella memoria centenaria, quienes después publicaron sus registros y versiones, muchos de los cuales sirvieron de base para este libro. Entre las personalidades chilenas más destacadas en esta labor están Rodolfo Lenz, Ricardo Latcham, Oreste Plath, Yolando Pino y Sonia Montecino. Sin embargo, estos mitos y leyendas no tienen ninguna autoría, sino que constituyen una voz colectiva que traspasa el tiempo. Ello también explica que existan diversas versiones de una misma historia, dependiendo de quién lo narró y cuándo lo hizo.

1

Sin duda que en este medio centenar de relatos se encontrarán muchas coincidencias con otros de culturas occidentales e incluso orientales. Ello tiene su origen en la sostenida relación que existió entre mapuches y españoles por casi tres siglos: el intercambio humano y comercial ocurrió, a pesar de que se trataba de pueblos en guerra, formando a través de las décadas un sincretismo cultural, es decir, el traspaso de elementos propios de una civilización a otra. Ello se prolongó después, ya en el siglo XIX, cuando fueron los chilenos quienes coexistieron con las comunidades mapuche.

En términos generales, al momento de llegar el ejército español hacía muchos siglos que los mapuche habitaban la zona que va desde lo que hoy llamamos valle del Aconcagua hasta la isla de Chiloé, en un proceso que habitualmente se ha denominado la Conquista. Entre otras comunidades que formaban parte de este pueblo originario estaban los moluches, gente de guerra o del Este, oriundos del otro lado de la cordillera, que se mezclaron con los mapuche a partir del siglo XII; los huilliches, gente del sur, que alcanzaron hasta las islas Guaitecas y se amalgamaron con los chonos en Chiloé, dando origen a los chilotes; los picunches, gente del Norte, que se extendieron desde Coquimbo hasta el río Itata; los pehuenches, gente del árbol pehuén, cazadores nómades de ambos lados de Los Andes, desde Chillán a Lonquimay; los changos, pescadores del litoral, entre los ríos Loa y Choapa; los puelches, habitantes al sur de Patagonia.

En 1550, cuando la población de todos estos grupos era cercana al millón de habitantes, Pedro de Valdivia se internó en La Araucanía en busca de oro, iniciándose lo que se llamó la Guerra de Arauco. Es conocida la férrea, extensa e incansable defensa de los mapuches de su territorio y de qué manera fueron aprendiendo tácticas de combate, como el uso del caballo, por ejemplo, animal que hasta ese momento no conocían.

A través de varias décadas, las batallas fueron sostenidas, triunfando alternativamente ambos bandos en pugna. Hubo periodos de relativa paz y otros de hostilidades sin tregua. Los parlamentos entre mapuches y españoles para alcanzar acuerdos comenzaron en 1641, comprometiéndose unos y otros a no cruzar una zona fronteriza (el río Biobío), aun cuando aquello no siempre se respetó y las batallas continuaron. Los mapuche fueron, obviamente, el pueblo aborigen de América que mayor tiempo resistió a la Corona española.

Otra de las razones que contribuyó a esta guerra tan extensa fue la particular organización social de este pueblo aborigen, basado en las agrupaciones familiares carentes de un Estado único que agrupara a todos sus habitantes. "Los mapuche habían constituido una sociedad sin estructura estatal", dice el historiador José Bengoa. "No tuvieron reyes ni señores. Se gobernaban según la tradición, el *ad mapu* o 'ley de la tierra'. Pero cuidaban mucho de la relación con los otros". (*Historia de los antiguos mapuches del sur*).

En el caso de los imperios inca, maya y azteca sí existía un poder centralizado, una jerarquía bien definida que abarcaba todo el territorio: el inca y su séquito, por ejemplo. Por lo tanto, al descabezar a ese núcleo dominante, los españoles se aseguraron doblegar a todo el pueblo. En el caso de los mapuche ello era imposible, porque el sometimiento debía ser a cada una de las familias diseminadas a lo largo y ancho de un inmenso y exuberante territorio que ellos, a diferencia de los hispanos, conocían muy bien y sabían sacarle partido en este enfrentamiento.

Hacia la mitad del siglo XIX, es decir, después de trescientos años de guerra, fue un consolidado Estado de Chile el que decidió que los mapuches debían ser chilenos y la zona al sur del Biobío se consideraba parte del país. Se inició allí la llamada Pacificación de la Araucanía, entre 1860 y 1883. Al final de este proceso de invasión por parte del Ejército, los antiguos habitantes de la zona vieron limitados sus territorios, fueron obligados a vivir en "reducciones" y gran parte de sus tierras fueron entregadas a colonos, muchos de ellos europeos. Por otro lado, el gobierno central desplegó grandes esfuerzos por asimilarlos a una identidad distinta (la chilena, es decir, la civilización cristiano-occidental), considerando a este pueblo como "minoría étnica". Su lengua oficial sería el castellano.

2

Una de las razones fundamentales para que los mitos, leyendas, narraciones y rogativas mapuche se hayan trasmitido de generación en generación a través de los siglos es la solidez de su idioma, el mapudungun, que ha tenido pocas modificaciones en el tiempo. Es un caso curioso en la América precolombina. Según el citado historiador José Bengoa, "A diferencia de muchos otros territorios americanos, donde cada comunidad poseía su propio lenguaje, incluso a corta distancia, en el territorio mapuche se consolidó 'una sola lengua' desde los valles del norte chico, Aconcagua, hasta Chiloé. No es fácil explicar esa enorme homogeneidad lingüística, pero lo que no podría caber duda es acerca de la existencia de contactos permanentes, fluidos e incluso cotidianos, entre las poblaciones que se encontraban a varios cientos de kilómetros de distancia".

Para los extranjeros que desconocían esta lengua, calificarla de "jerga incomprensible y bárbara" fue algo natural. Sin embargo, la riqueza, coherencia y precisión del mapudungun son aspectos destacados por quienes la conocieron y tradujeron desde comienzos del siglo XVII hasta ahora. Por ejemplo, el misionero capuchino Ernesto Wilhelm de Moesbach ejerció en la Araucanía entre 1920 y 1963. Producto de este largo y sostenido contacto y de sus estudios, escribió algunos libros. Entre ellos, *Voz de Arauco*, que recoge términos y expresiones del mapudungun. Conocedor profundo de esta cultura, Ernesto Wilhelm describe así su grandeza: "Ocupa un lugar preferente entre las lenguas indígenas de América del Sur. Se distingue por un vocabulario abundante; gran regularidad de todas las operaciones gramaticales; un mecanismo verbal muy detallado que facilita la expresión límpida de las modificaciones del pensamiento; sintaxis sencilla con frases casi siempre coordinadas y una fonética de una condición estable y sonora; por medio de numerosos afijos y partículas intercaladas, consigue una precisión y concisión casi inimitables".

Por su parte, el naturalista e historiador francés Claudio Gay se refiere de esta forma a sus descubrimientos y estudios relativos al mapudungun, en su libro escrito entre 1870 y 1873: "Al sur del río Maule, los indios —mucho más feroces, patriotas e inflexibles ante las exigencias de los españoles— resistieron con tesón a los elementos destructores. Cuando más tarde fueron sometidos por los poderosos conquistadores, siguieron en su vida privada hablando su propia lengua a despecho de las numerosas ordenanzas emitidas por el rey hasta 1770, que solo permitían hablar español, a las que se resistieron al punto de preferir confesarse a través de un intérprete, aun cuando estuvieran completamente españolizados, y si hoy han olvidado el idioma araucano por completo, es por la vida comercial que la independencia chilena ha introducido en estos territorios (...)

"Esta lengua merece, en efecto, la atención de los filólogos por la riqueza de sus expresiones, a la vez vigorosas, sonoras y armónicas, de sus formas gramaticales y sobre todo del estado de perfección que alguna vez alcanzó, pues en el pasado era mucho más elevada, ya sea como consecuencia de la información y la reflexión, ya sea por el principio instintivo que todo pueblo recibe de la naturaleza. Su gramática se encuentra tan bien dispuesta, que pareciera ser fruto del trabajo razonado de hombres en nada ajenos al método y la lógica". (*Usos y costumbres de los araucanos*).

El misionero de origen judeoalemán fray Félix de Augusta publicó en 1910 un libro titulado *Lecturas araucanas. (Narraciones, costumbres, cuentos, canciones, etc.)*. En el prólogo de su extensa obra bilingüe (408 páginas), dice que "Pocos hay quienes se toman el trabajo de penetrarse bien del idioma araucano, y es innegable que su aprendizaje no tiene utilidad práctica sino para los misioneros y para aquellos comerciantes que quieren atraer una gran clientela de indígenas; sin embargo, merece su conocimiento en alto grado la propagación entre los círculos científicos, no dejando entonces de conquistarse la admiración de los lingüistas, por su sencilla y lógica estructura, la riqueza de sus formas verbales, la precisión y claridad de dicción y la facilidad con que da expresión a todo modo de pensar y sentir".

Y más adelante sostiene algo que debe haber resultado muy rupturista para la época, sobre todo en aquellos que consideraban a los mapuche un pueblo *bárbaro*, es decir, ignorante, carente de leyes o normas, sin creencias y hasta sanguinario: "Esta nación, hoy día tan despreciada por cierta clase de personas que desean y proponen el secuestro de sus bienes y hasta el exterminio de su raza, esta nación vive, piensa, ama, tiene sus leyes tradicionales, sus ideas religiosas, su culto, poesía, elocuencia, sus canciones, su música, sus artes, sus fiestas y juegos, su vida cívica, sus pasiones y virtudes".

Quienes han leído textos del mapudungun traducidos al castellano, habrán notado que muchos nombres, verbos, conceptos, sustantivos y adjetivos están escritos de manera diversa, con variaciones en las letras utilizadas, aun cuando se refieran a lo mismo, lo que puede conducir a cierta confusión. Ello tiene una explicación: el mapudungun es una lengua originalmente ágrafa, es decir, sin el equivalente en la escritura: solo existía de manera oral.

Las primeras gramáticas y diccionarios del mapudungun provienen de misioneros católicos, cuya finalidad no era el estudio científico, sino que el conocimiento práctico que les permitiera una adecuada comunicación que expandiera su labor evangelizadora. La primera gramática fue publicada por el padre Luis de Valdivia en 1606; la segunda, por el padre Andrés Febrés, en 1775, y la tercera por el padre Bernardo de Havestadt, en 1777.

Después de ello, muchos diccionarios, investigaciones y gramáticas fueron editadas hasta nuestros días. Se entenderá, entonces, que tantos autores a través de tantos siglos hayan volcado en una escritura antes inexistente su propia versión gráfica (letras) de la fonética (sonidos) escuchados. Por ejemplo, en las traducciones de las últimas décadas, en lugar de la letra *Q* o *C* se prefiere mayoritariamente la *K*, probablemente porque representa mejor el sonido original.

De allí la gran cantidad de trascripciones que existen para los mismos conceptos. Ello se agrava aún más si consideramos que el mapudungun tiene sonidos inexistentes en el castellano y, a su vez, no posee otros de nuestro idioma. Y una última complejidad: innumerables términos mapuche se refieren a conceptos o ideas que en Occidente no existen o existen de una manera totalmente diversa: el sistema de parentescos, por ejemplo.

Afortunadamente, en las últimas décadas se ha ido homogeneizando esta grafía y terminología. En este libro utilizamos las de uso más expandido y aceptado en la actualidad. Para facilitar la lectura, se incluye un glosario de nombres y términos que en cada una de las historias están en letra cursiva.

3

Los relatos contenidos en este volumen no solo hablan de una geografía determinada, de lugares o de personas específicas que los protagonizan, sino de un mundo mágico y remoto, poblado de espíritus que colaboran con la gente o se enfrentan a ellas. También tratan de seres humanos que consiguen una profunda relación con la naturaleza, al punto de que varios de ellos terminan transformados en piedras, ríos o árboles.

Grandes creadores de los *epew* (cuentos), los mapuche fueron consolidando allí un vívido universo poblado de seres fantásticos, animales monstruosos, ríos y mares que cobran vida, entes sobrenaturales que conviven con la gente, flores y árboles sanadores, brujos y chamanes, ánimas tutelares, diluvios, terremotos y maremotos que cambian la fisonomía del lugar y volcanes indómitos habitados por espíritus que transforman su entorno.

Así, estas lecturas ayudan a comprender, desde el punto de vista de la literatura, la cosmovisión de un pueblo que ha sido base de nuestro crecimiento como nación.

Si bien es cierto muchos de estos relatos tienen influencias de la cultura occidental, como se dijo antes, aquí adquieren un renovado fulgor y una fuerte originalidad, marcados por el particular entorno geográfico y climático, por las costumbres y rituales del mundo mapuche, por su coherente religiosidad. Ya no son simples recreaciones o imitaciones, sino historias definitivamente originales.

Respetando todo aquello, en esta recopilación se ha conservado un concepto cultural originario, evitando denominaciones propias de lo cristiano occidental lejanas al mundo mapuche; por ejemplo, *príncipes, reyes, princesas, hadas, gnomos* y tantos otros que son habituales en muchas de las antologías. Incluso en estas páginas hemos preferido el término *comunidad* antes que *tribu*, porque se acerca más al sentido de asociación grupal mapuche. También hemos evitado la denominación de *cacique*, que ellos nunca ocuparon para sí: es un nombre de origen antillano con que los españoles nominaron a las jefaturas que participaban en los parlamentos. De igual manera, no hay aquí tigres ni leones, porque ellos nunca existieron en la Araucanía, aunque sí los pumas.

Al momento de la llegada de los españoles, el concepto de *país* o *república* (Chile) no existía ni tampoco el de frontera entre nosotros y Argentina. Aunque en menor cantidad, muchas comunidades mapuche habitaban en las zonas de Neuquén, Chubut, Río Negro y parte de la Patagonia (poyas, ranqueles, tehuelches, entre otros). Ello explica que varias de las narraciones de este libro se desarrollen, justamente, en el actual territorio argentino. Todos pertenecían a alguna comunidad de pueblos originarios: no eran ni chilenos ni argentinos.

En el caso de este libro, no se incluyen los relatos de la isla de Chiloé. Aun cuando originariamente es un pueblo mapuche —formado por huilliches y chonos—, su extensa y riquísima mitología las hacen merecedoras de otro volumen, actualmente en proceso. Ahí se incluirán, además, mitos y leyendas de tehuelches, kawéskar, yámanas, selk'nam y aónikenk.

Juan Andrés Piña
Diciembre de 2020

El origen del mundo

Antes, mucho antes, no había tierra ni agua, ni plantas ni árboles, ni mares ni lagos. Todo era nada. En ese tiempo de oscuridad, en los aires vivía un espíritu poderoso, Nguenechén. Con él vivían otros espíritus menores que le obedecían, porque él mandaba a todos.

Entonces, los espíritus que no mandaban quisieron tener poder también, deseando no obedecer más al espíritu grande. Uno de ellos dijo: "Nosotros mandaremos ahora, porque somos muchos y aunque él es grande y poderoso, está solo".

Pero Nguenechén no estaba solo, ya que quedaban algunos otros espíritus que eran leales y querían siempre obedecer al jefe. Cuando el espíritu grande supo de esta sublevación, se enojó y mandó a que los espíritus buenos reunieran en un solo lugar a todos los malos. El espíritu grande estaba muy enojado, pataleaba y lanzaba fuego por sus ojos.

Entonces, cuando todos los rebeldes estuvieron juntos, esperando qué ocurriría, fueron atrapados: los apilaron en un gran montón y cuando estuvieron así, el jefe ordenó a sus mocetones fieles que les escupieran encima. También escupió él, y por todas las partes donde caían los escupos los cuerpos se endurecieron como piedras. Quedaron todos encerrados en una gran roca. Y entonces el espíritu grande les puso un pie encima y volaron por el aire, por el mucho peso de todos los espíritus, los que cayeron. Al caer se partió esta gran bola y quedaron los pedazos esparcidos formando cerros y montañas.

Entonces sucedió que no todos los espíritus eran de piedra, porque a los de adentro no les habían tocado los escupos. Estos espíritus eran de fuego vivo y se encontraron encerrados entre las piedras de los cuerpos de sus hermanos. Ellos querían salir y empezaron a trabajar, y cavaban y hacían hoyos como unos pozos, pero de nada servía. Y rabiaban y peleaban entre ellos, porque mutuamente se echaban la culpa de lo que había sucedido. Era tanto el fuego que tenían en el cuerpo y que los quemaba, que de repente reventaron las montañas donde estaban atrapados y surgieron grandes chorros de cenizas y un humo muy negro. También brotaban lenguas de fuego, aunque ellos no pudieron salir, porque no lo quería el espíritu que mandaba.

Y así volaron con las cenizas y las llamas unos espíritus que no habían sido tan malos como los otros, pero que se habían encontrado en medio de esta pelea. A estos, el jefe les permitió salir, aunque no los quería recibir más entre sus espíritus fieles. Entonces los dejó así, colgados en los aires. Ellos son los que se ven de noche y que brillan como luces por el fuego que tienen en sus cuerpos y que llamamos estrellas.

Los espíritus castigados lloraron días y noches por su condición de prisioneros y todo el llanto caía desde las montañas y arrastraba las cenizas y las piedras, y de esta manera se formaron las tierras, se apozaron las aguas y nacieron los mares y los ríos. Los espíritus malos se quedaron adentro de las montañas y estos son algunos de los pillanes, los que hasta hoy hacen reventar con ruidos ensordecedores los volcanes, lanzando humo y fuego.

Entonces, el espíritu grande de los aires miró abajo, vio lo que había surgido de aquella situación y se preguntó: "¿Para qué sirve esta tierra sin que haya nadie?". Y tomó a un joven espíritu, que era hijo suyo, y le dijo que lo iba a enviar a la Tierra para ver qué haría él allí. Y lo convirtió en un hombre de carne y hueso. De arriba lo lanzó y al caer el joven se golpeó con la dureza de la tierra y quedó aturdido, como muerto. Entonces, la madre del joven se lamentaba y pedía que la dejara bajar a ella también para así acompañar a su hijo.

Sin embargo, no lo quiso así el espíritu poderoso. Pero mirando alrededor vio una estrellita que estaba muy cerca y la atrapó: era una luz muy bonita. Con ella formó una mujer y le sopló encima. Ella voló por los aires y él le ordenó que se juntara con el hombre. La mujer bajó y llegó a la Tierra, en un lugar algo distante de donde dormía el hombre. Tuvo que caminar y como las piedras duras le hacían daño en los pies, el espíritu de los aires mandó que brotara, por donde ella pisaba, un pasto muy blando y una flores muy hermosas. Y la mujer cogía las flores en el camino y, jugando, las deshojaba. Y las hojas que dejaba caer se convirtieron en pájaros, en mariposas que volaban, y detrás de su paso la hierba crecía tan grande que formaba árboles enormes llenos de frutas que ella comía.

La mujer llegó donde estaba el hombre que dormía y como también estaba cansada, se tendió a su lado. Cuando el hombre despertó y la vio, se quedó muy contento: tan bonita era. Cuando ella despertó, se fueron los dos caminando por los montes, las colinas, los bosques y las orillas del mar y de los lagos. Les pareció todo tan bien y hermoso que ya no pensaron más en volver a los aires.

—¡Juntos llenaremos el vacío de la Tierra! —dijeron. Mientras la primera mujer y el primer hombre construían su hogar, al cual llamaron *ruka*, el cielo se llenó de nuevos espíritus. Estos traviesos cherruves eran como bolas de fuego que cruzaban el firmamento. El hombre pronto aprendió que los frutos del pehuén eran su mejor alimento y con ellos hizo panes y esperó tranquilo el invierno. Ella cortó la lana de una oveja y luego, con las dos manos, fue frotando y moviéndolas una contra otra e hizo un hilo grueso. Después, en cuatro palos grandes enrolló la hebra y comenzó a cruzarlas. Desde entonces, las comunidades hacen así sus tejidos en colores naturales.

Cuando los hijos de ambos se multiplicaron, ocuparon el territorio de mar a cordillera. Luego hubo un gran cataclismo: las aguas del mar comenzaron a subir guiadas por la serpiente Cai-Cai. Pero, al mismo tiempo, la cordillera se elevó más y más porque en ella habitaba Ten-Ten, la culebra de la Tierra que defendía a la gente de la ira de Cai-Cai. Cuando las aguas se calmaron, comenzaron a bajar los sobrevivientes de los cerros. Desde entonces se les conoce como mapuches, la Gente de la Tierra.

Siempre temerosos de nuevos desastres, los mapuches respetan la voluntad de Nguenechén y tratan de no disgustarlo. Trabajan la tierra y realizan una hermosa artesanía con cortezas de árboles, con fibras vegetales tejen canastos, y con lana mantas y vestidos; entre estos últimos están *makuñ* (manta) de los hombres y el *ükülla* (chal) de las mujeres.

Entonces, para ver cómo era esta nueva vida, el espíritu que mandaba abrió una ventana redonda en los aires y por allí miraba, y cuando miraba todo brillaba y venía un gran calor desde arriba. La madre del joven también quería mirarlo. Escondida del jefe, hizo una abertura y cuando él no estaba y reinaba la oscuridad, ella miraba desde las alturas. Para que su hijo pudiera ver bien su rostro, dejaba caer una luz blanca muy suave.

En el concepto religioso mapuche, Nguenechén recibe varios nombres: Futá Chaw, Chau, Chaw, Chachao y Chao Elchefe, entre otros, quien es el "espíritu dueño de la gente", el que la protege y la tutela. Posee características masculinas y femeninas, madre y padre a la vez. Su existencia da vida a la naturaleza y a los seres humanos. Vive en algún punto alto del cielo y por eso en algunas zonas del sur de Chile se le llama Ranguinhuenuchau, que significa Padre y Madre en Medio del Cielo, o Callvuchay (Padre y Madre Azul). En la ceremonia propiciatoria del Nguillatún se le invoca y agradece a través de variados cantos y danzas.

Cuando todavía no habían llegado los hombres blancos, Nguenechén, creador del mundo, vivía tranquilo y feliz con su esposa y sus hijos, gobernando el Cielo y la Tierra desde las alturas.

Nguenechén se dejaba llamar de muchas maneras: Chau, el padre, Antü (el Sol). Vivía con su mujer que era a la vez madre y esposa. Ella también se dejaba denominar de distintas maneras: Luna, Mujer Azul, Maga o *Kushe*.

Después de haber creado un cielo con nubes vaporosas y un montón de estrellas que le daban ese brillo especial a la noche, Nguenechén se sintió contento. Miraba acomodado en una nube cómo había quedado la Tierra, también creada por él, con sus imponentes montañas, sus serpenteantes ríos y frondosos bosques. Por lo bien que le había resultado todo, se deleitó haciendo nacer a quienes disfrutarían aquello: los animales y los seres humanos, los mapuches.

Muy satisfecho por todo lo hecho, vivía en el cielo: allí cuidaba su reino con luz y calor durante el día para dejarle el trono a su mujer por las noches. Con su pálida luz, ella era la encargada de velar el sueño de todas las criaturas.

Y pasó el tiempo y en las alturas los hijos de Nguenechén y *Kushe* crecieron tanto que quisieron también ser creadores como su padre, sobre todo los dos mayores, que comenzaron a quejarse y criticar. Decían que sus padres estaban viejos y que ya era hora de que ellos gobernaran. A Nguenechén no le gustaba nada esta repentina rebeldía de sus hijos y a medida que pasaba el tiempo más se enojaba y sufría. *Kushe* intentaba tranquilizarlo, argumentando que eran jóvenes, que no les diera importancia, que con el tiempo se les pasaría.

Pero no se les pasaba, sino que intentaron que sus hermanos más jóvenes se pusieran de su parte. "¿No les parece, hermanos, que al menos nuestro padre debería permitirnos gobernar sobre la Tierra y que únicamente el Cielo quede bajo su mando?", proponían. Y, muy seguros de su requerimiento, comenzaron a descender a grandes trancos la escalera de nubes, bajando hasta la Tierra. Nguenechén, al ver esto, dejó salir todo el enojo que había contenido hasta ese momento, por respeto a los ruegos de su esposa. Con sus grandes manos los atrapó en pleno descenso, enganchó entre sus dedos los largos mechones que colgaban de sus nucas, y con toda potencia los zamarreó y los arrojó desde allí mismo sobre las rocosas montañas. Fue tal el impacto que la cordillera tembló y los enormes cuerpos se hundieron en la piedra para formar dos agujeros gigantescos.

Su furia fue tan fuerte que el Cielo y la Tierra se poblaron de rayos de fuego. Entonces *Kushe*, desesperada, se precipitó entre las nubes y lloró sin parar. Sus copiosas lágrimas comenzaron a inundar los inmensos socavones donde habían quedado los cuerpos de sus hijos. Desde entonces, varios y hermosos lagos recuerdan su terrible dolor, tan brillantes como *Kushe*, tan profundos como su pena.

Ante tanta angustia de ella, el gran Nguenechén se compadeció y quiso modificar el destino de los rebeldes: les dio la posibilidad de volver a la vida, pero ya no como sus hijos, sino como una gran serpiente alada. Esta culebra fue llamada Cai-Cai y se encargó, desde entonces, de llenar los mares y los lagos. Sin embargo, el deseo de derrotar a su padre y gobernar la Tierra no abandonó a los hijos de *Kushe*, pese al castigo y a la transformación. Como no pudo concretar su deseo, Cai-Cai despreció a sus padres y su odio se extendió hasta los mapuches, a esas queridas creaciones. Es por eso que aún hasta hoy provoca con los azotes de su cola olas espumosas y violentos remolinos en las aguas tranquilas de los lagos. A veces, su furia es tal que empuja y empuja el agua contra las montañas para alcanzar los lugares donde viven las personas y los animales.

Cuando Nguenechén se dio cuenta del peligro que corrían los mapuches, decidió que una serpiente buena fuera la protectora de ese pueblo. Encontró la mejor arcilla y con sus manos creó a Ten-Ten, a quien le encomendó la tarea de vigilar a Cai-Cai. Si su cruel hermana tenía intenciones de hacer daño a los mapuches, ella procuraría agitar el agua del lago como señal de aviso para que la gente buscase un refugio a tiempo, poniéndose en resguardo.

Un día, Cai-Cai comenzó a agitar el agua del lago hasta que se pusiera oscuro y que produjera con la fuerza de su cola el chasquear las olas, unas contra otras, para que cierta espuma blanca cubriera primero toda superficie y luego saliera en busca de las personas. Cuando la serpiente buena escuchó esto, salió de la montaña de la salvación donde vivía para alertar a sus protegidos: silbó con gran fuerza y convocó a todos los mapuches al cerro Ten-Ten, el mejor refugio.

Sin embargo, los esfuerzos de Ten-Ten no alcanzaron. El pueblo, desesperado, arrancó de las aguas del lago, que ya fuera de su cauce anegaban los posibles caminos. La tierra temblaba por las terribles sacudidas que producían los coletazos de Cai-Cai. Por las laderas caían hombres, mujeres y niños como si fueran pequeñas piedras. Todos murieron, menos un niño y una niña muy pequeños que habían quedado solos, tras el desbarranco de sus padres, en una profunda grieta que milagrosamente los salvó del agua y de la lluvia de fuego.

Eran los únicos seres humanos sobre la tierra: solos, sin padre ni madre y sin palabras. Sobrevivieron gracias al cuidado de una zorra y de un puma, que apenas los descubrieron los amamantaron y luego les enseñaron dónde encontrar frutos para que no murieran de hambre. Y así crecieron.

De ese niño y esa niña descienden todos los mapuches, resucitados.

"Los antiguos mapuches, según todas las nuevas teorías, serían originarios del propio territorio chileno. Se trataría de grupos antiguos que fueron evolucionando y cambiando. Es probable que también establecieran contactos con otros pueblos del norte. La secuencia de los hallazgos arqueológicos recientes es clara. Existiría una relación, por ejemplo, en la cerámica entre los grupos agroalfareros antiguos del norte chico, del centro de Chile y del sur mapuche. Podríamos decir que las culturas fueron aprendiendo unas de otras de norte a sur, a través de muchos siglos. Ya a partir del siglo VII, los enterramientos, cacharros, tejidos y demás señales culturales encontradas por los especialistas muestran que la cultura mapuche está cada vez más constituida" (José Bengoa, *Historia de los antiguos mapuches del sur*).

Hubo en otro tiempo dos enormes serpientes enemigas: Cai-Cai, que era marina, y Ten-Ten, terrestre. Frecuentemente se encontraban en pugna. Ello se debía a que en una ocasión, un *Trauko* trató de apoderarse de una hermosa joven que fue a bañarse en el mar. Al querer forzarla, la muchacha se defendió con todas sus fuerzas y dominó al malhechor, pero este llamó a su padre, Cai-Cai, y entre ambos violentaron a la joven.

Nació una bella hija, muy amada por su madre, por el padre (el *Trauko*) y por Cai-Cai. Este culebrón tenía un Pillán que acompañaba al Sol en su trayectoria por el firmamento, el que pretendió casarse con ella. Al saber esto, la madre se desesperó y no dejaba de llorar.

Ten-Ten, serpiente benigna, escuchó sus llantos y acudió de inmediato para atenderla; ella le rogó que salvara a su criatura. La serpiente abrió su boca y la niña fue depositada en ella, después de lo cual el reptil ascendió de inmediato por la ladera de un cerro en que se encontraba su cueva, a fin de ponerla a salvo. Esos cerros son fáciles de reconocer: tienen siempre forma cónica.

El *Trauko* no estaba en situación de seguir a Ten-Ten, pues debido a sus pies deformes no puede correr. Cai-Cai, a su vez, se revolcaba lleno de rabia en el mar. Finalmente, se le ocurrió pedir al Pillán y a sus aliados en el cielo que hicieran llover torrencialmente. El aguacero se prolongó durante semanas, de modo que finalmente ocurrió un verdadero diluvio: se juntaron tantas aguas en el mar que comenzó a salirse y a inundar la tierra.

Pronto estaban anegadas todas las tierras bajas, pero el agua seguía subiendo y cubría las colinas y los montes. Luego hubo solo algunas cumbres prominentes que sobresalían. Cai-Cai era tan poderoso que logró cubrir también toda la cordillera nevada.

Más eficiente era, sin embargo, la magia aplicada por Ten-Ten, pues era capaz de elevar los cerros que llevan su nombre. Por mucho que se esforzara Cai-Cai, no le fue posible alcanzar con sus aguas esas cumbres. Había, eso sí, otro peligro: al subir, estas se acercaban demasiado al sol, y el calor de los rayos quemaba cada vez más. Solo era posible salvarse de ser abrasado colocándose una fuente de greda sobre la cabeza, y aun a pesar de esta protección el calor era sofocante y casi insoportable.

Reconocida por Cai-Cai su incapacidad de imponerse, hizo que la lluvia cesara y las aguas comenzaron a bajar otra vez. Un hermoso y gran *arcoíris* se desplegó por todo el cielo. Lentamente se restableció la normalidad.

Muy pocos lograron salvarse, sin embargo, de esta catástrofe. La mayoría de los animales fueron transformados en piedras. Y en cuanto a los seres humanos, todos aquellos que no alcanzaron la cumbre de un cerro Ten-Ten, fueron alcanzados por las aguas y se transformaron en peces.

Los que sobrevivieron repoblaron las tierras del sur y así continuó la vida del pueblo mapuche.

Hasta hoy, los mapuches tienen un vívido recuerdo de este diluvio, por lo cual casi siempre se encontrarán en sus *rukas* algunas fuentes de greda para ser usadas si se repitiese una invasión a la tierra por el mar, como ha ocurrido ya tantas veces en los maremotos, aunque en forma menos intensa que aquel que evocan sus antepasados.

La leyenda de Ten-Ten (o Tren-Tren) y Cai-Cai (o Kai-Kai) es en la actualidad la más difundida y conocida referida al pueblo mapuche y tiene varias versiones. Según algunos historiadores, el relato se habría basado en la introducción de la religión cristiana durante el periodo de la guerra entre los mapuches y los soldados españoles. Así, los misioneros habrían relatado, como enseñanza, del diluvio universal que acaeció cuando Dios quiso castigar a los seres humanos por su mal comportamiento. Sin embargo, ello no es seguro, porque el testimonio histórico dice que en realidad fueron estos misioneros quienes escucharon narrar la leyenda. Como sea, posee suficientes elementos propios del imaginario religioso mapuche como para que tenga una fuerte originalidad. Ello se ve avalado por ciertos descubrimientos científicos que afirman que no hubo un solo diluvio en el planeta, sino muchos en distintas épocas y en diversos lugares, y es muy posible que también haya afectado a nuestros pueblos originarios.

El nacimiento de las cosas

Arriba, en el cielo azul, vivían antiguamente dos deidades femeninas, una buena y la otra mala. La mala rabió mucho cuando se enteró de que su enemiga esperaba un hijo. Como ella no tenía ninguno, se llenó de ira.

Estuvo muy atenta al nacimiento del niño y en el primer momento en que este se separó de la madre, lo robó. Inútilmente la deidad buena lo buscó por todo el Cielo; pero no logró encontrarlo, a pesar de que les preguntó a las estrellas.

En la llamada Cruz del Sur —*Pünonchoike*, que significa "impresión de la pata del avestruz"— no estaba el pequeño. El avestruz no lo tenía oculto bajo sus alas; no estaba acostado en la piel negra y tampoco lo encontró en el corral donde estaban los animales nuevos. ¿Estaría en el pozo? ¿Lo tendría alguna estrella guardado allá en lo alto? Ninguna de las numerosas estrellas sabía nada.

La madre envió a todas partes esas hachas de piedra brillantes que pasan silbando rápidamente por el aire, y también le pidió ayuda al caminante Orión. Las rojas bolas de fuego volaron e igualmente le ayudaron los cherruves, que son los cometas de barbas rojas y con colas, que corrían de un extremo del cielo al otro y miraban dentro de los volcanes. Sin embargo, ninguno vio rastro alguno del niño. "Pobre de mí", decía la madre a la que, además, había comenzado a dolerle el pecho y se lamentaba y lloraba: ¿Es que acaso su buena y abundante leche no estaba destinada a su hijo? ¿Dónde estaba oculto?

Mientras se retorcía de un lado a otro, miró hacia abajo, a la Tierra, y vio allí mucha miseria y desgracia, vio hambre y enfermedad, vio muerte. Un grito llegó hasta ella: había muerto en ese momento la madre de un recién nacido que ahora se encontraba desnudo y desamparado. No había ni una sola persona cerca del niño.

Entonces vio cómo un puma que pasó por ahí decía: "No te comeré porque eres pobre. Cuando nacen mis hijos ya traen al mundo una cobertura abrigadora. Mi leche sacia su hambre y cuando tienen frío yo les abrigo con mi piel y les doy calor. En cambio, ¡qué desamparado están los seres humanos recién nacidos!".

Un cóndor pasó volando y se posó al lado de la criatura que sollozaba. Y dijo: "Ay, pobre hombre nuevo. No te destrozaré, porque eres más pobre que mis hijos. Ellos traen consigo un vestido de plumas cálido; yo les tengo preparado un nido bien mullido y abrigador y también les traigo buenos alimentos. Tú estás solo y desnudo. No serás tú quien les sirva de alimento a mis hijos".

La zorra corría tras una liebre y la alcanzó justamente donde estaba el niño. Ella dijo: "No te haré nada a ti, liebre, porque tú también eres madre. Mira qué pobre es una criatura sin madre, sobre todo el hombre recién nacido. Niño varón, a ti tampoco te haré nada".

Y así, muchos animales ansiosos de cazar una presa se acercaron, pero no le hacían daño al niño que gemía, porque todos pensaban en sus propios hijos.

Entonces, cuando el pequeño desamparado comenzó a llorar desesperadamente de hambre y de frío, la deidad femenina bajó del Cielo a la Tierra, lo tomó en sus brazos y voló con él a la estrella donde vivía. Allí le dio calor al niño y lo acunó amorosamente. De inmediato, la boquita hambrienta bebió y tragó con tanta premura la leche que sonaba como si chasqueara la lengua. ¡Qué buena es la dulce leche materna! Y como las deidades del Cielo son mucho más grandes que las mujeres de la Tierra, el niño encontró más leche de la que podía beber y pronto se quedó dormido.

Cuando al rato comenzó a dolerle intensamente el otro pecho, la deidad lloró y se lamentó: la dulce leche le corría por el cuerpo y lo teñía de blanco. Súbitamente dijo: "Seguramente en la Tierra hay muchos niños que tienen sed y hambre. A ellos les daré mi buena leche".

Y así comenzó a exprimir sus pechos, de modo que la leche se elevó en altos chorros y luego formó un arroyo en el cielo, donde cada gota se transformó en una estrella, y todas ellas brillaban y centelleaban: había nacido así lo que para nosotros es la Vía Láctea.

En la espiritualidad mapuche, el *Wenumapu* es el Mundo (o Espacio) de Arriba (el Cielo), donde residen Nguenechén y los espíritus y las fuerzas positivas que las personas necesitan para vivir. La Wenu Lewfü (Río de Arriba) o Rüpü Epew (Historia del Camino) se refieren a lo que nosotros llamamos Vía Láctea, esa galaxia espiral donde se encuentra nuestro sistema solar. En la visión mapuche, la Vía Láctea (Rüpüepewün) constituye un ordenamiento de elementos luminosos que están relacionados entre sí, formando parte de una simbología gobernada y dirigida por los espíritus superiores. Su objetivo es entregar luz y predecir el efecto positivo o negativo de los sucesos naturales y sobrenaturales. Desde el punto de vista de la leyenda, la Vía Láctea era un campo de cacería de ñandúes, en el que estos eran perseguidos por cazadores, representados por estrellas, que les arrojaban sus boleadoras, simbolizadas por Alfa y Beta Centauro, y acumulaban sus cuerpos y plumones en dos montículos: las Nubes de Magallanes.

Una leyenda cuenta que antiguamente los mapuches no conocían el fuego, ni siquiera sabían que existía. Por ello, sufrían mucho en las épocas de las fuertes lluvias, del frío, de los grandes vientos y de la nieve.

Y conocieron el fuego gracias a los niños. Más exactamente, que lo aprendieron de dos hermanitos que se desafiaron para ver cuál hacía girar más rápidamente un palito sobre un trozo de madera dura. Al poco rato, cientos de chispas se levantaron por el aire y surgió un fuego devorador que quemó la piel de la niña. Afortunadamente pudo apagarlo antes de que le hiciera más daño.

Sin embargo, al poco rato las chispas que habían volado encendieron una hoguera que se convirtió en un gran incendio que progresivamente devoró muchos bosques y espantó a los animales: la mayoría de ellos terminaron atrapados por el fuego y quemados. De este modo, los mapuches se quedaron casi sin animales para cazar.

Pero los ancianos del pueblo dijeron que la carne de esos animales quemados no podía ser impura y que podía comerse, porque el fuego venía desde arriba, de un espíritu poderoso. Y probaron la carne asada y la hallaron muy sabrosa. A partir de ese momento, nunca la volvieron a comer cruda.

Entonces, imitando a los niños, los mapuches hicieron su propio fuego y lo conservaron para siempre, porque les permitía cocinar sus alimentos de otras formas (que ahora tenían un mejor sabor) y disfrutar de su luz y de su calor, todos reunidos alrededor de su llama, que era como tener un generoso pedazo de Sol al alcance de la mano.

Las comidas de la zona sur de Chile recibieron una fuerte influencia de la cultura gastronómica mapuche, la que entregó el aporte de muchas especies comestibles. La alimentación tradicional se prepara con los productos agrícolas cultivados, tales como trigo, papa, arveja, ajo, cebolla, ají, maíz, nalca, nabo y una gran variedad de hongos, como los digüeñes, que se consumen cocidos o en caldo de sopas. Adicionalmente, con el fruto del pehuén, el piñón, se elaboran distintas comidas y bebidas. Igualmente, es fuerte la presencia de comida hecha sobre la base de pescados y mariscos. Un producto característico es la tortilla de rescoldo: un pan de harina de trigo cocido en las cenizas calientes de un fogón, dándole un sabor muy característico. Todos los productos y muchas de sus preparaciones, desde hace mucho tiempo forman parte de la dieta de los chilenos.

Antes de que los mapuches descubrieran cómo hacer el fuego, vivían en grutas de la montaña: Casa de Piedra, las llamaban. Como eran temerosos de las erupciones volcánicas y de los cataclismos, sus dioses y sus demonios eran luminosos. Entre estos, el poderoso Cheruve. Cuando se enojaba, llovían piedras y ríos de lava. A veces el Cheruve caía del cielo en forma de aerolito. Para los mapuches, sus antepasados vivían en la bóveda del cielo nocturno. Cada estrella era un antiguo abuelo iluminado que cazaba avestruces entre las galaxias. El Sol y la Luna daban vida a la Tierra como dioses buenos. Los llamaban Padre y Madre. Cada vez que salía el Sol, lo saludaban. La Luna, al aparecer cada veintiocho días, dividía el tiempo en meses.

Al no tener fuego, porque no sabían encenderlo, devoraban crudos sus alimentos. Para abrigarse en las épocas frías, se apiñaban en las noches junto a sus animales, perros salvajes y llamas que habían domesticado. Tenían mucho miedo a la oscuridad, que era signo de enfermedad y de muerte.

En una de esas grutas vivía una familia: Caleu, el padre, Mallén, la madre, y Llicán, la hija. Una noche, Caleu se atrevió a mirar el cielo de sus antepasados y vio un signo nuevo y extraño en el poniente: una enorme estrella con una cabellera dorada. Preocupado, no dijo nada a su mujer y tampoco a quienes vivían en las grutas cercanas. Aquella luz celestial se parecía a la de los volcanes, pensó Caleu, y se preguntó: ¿traería descargas?

Aunque guardó silencio, rápidamente los demás mapuches vieron la estrella. Hicieron reuniones para discutir qué podría significar el hermoso signo del cielo. Decidieron vigilar por turno junto a sus grutas. El verano estaba llegando a su fin y las mujeres subieron una mañana muy temprano a buscar frutos de los bosques para tener comida en el tiempo frío. Mallén y su hijita Llicán treparon también a la montaña.

—Traeremos piñones dorados y avellanas rojas —dijo Mallén.

—Traeremos raíces y pepinos del copihue —agregó Llicán.

La niña había acompañado otras veces a su madre en estas excursiones y se sentía feliz.

—Si nos sorprende la noche, nos refugiaremos en una gruta que hay allá arriba, en los bosques —dijo Mallén.

Las mujeres llevaban canastos tejidos con enredaderas. Parecía una procesión de choroyes, conversando y riendo todo el camino. Allá arriba había gigantescas araucarias (pehuenes) que dejaban caer lluvias de piñones. Y los avellanos lucían sus frutas redondas, pequeñas, rojas unas, color violeta y negras otras, según iban madurando. No supieron cómo pasaron las horas. El sol empezó a bajar y cuando se dieron cuenta, estaba por ocultarse. Asustadas, las mujeres se echaron los canastos a la espalda y tomaron a sus niños de la mano.

—¡Bajemos, bajemos! —se gritaban unas a otras.

—No tendremos tiempo. Nos pillará la noche y en la oscuridad nos perderemos para siempre —advirtió Mallén.

—¿Qué haremos? —preguntó la abuela Collalla, que no por ser la más vieja era la más valiente.

—Yo sé dónde hay una gruta por aquí cerca, no tenga miedo, abuela —respondió Mallén.

Y así condujo a las mujeres con sus niños por un sendero rocoso. Sin embargo, al llegar a la gruta, ya era de noche. Vieron en el cielo del poniente la gran estrella con su cola dorada. La abuela Collalla se asustó mucho.

—Esa estrella nos trae un mensaje de nuestros antepasados que viven en la bóveda del cielo —exclamó.

Llicán se aferró a las faldas de su madre y lo mismo hicieron los demás niños. Decidieron entrar en la gruta y dormir todos juntos. Collalla estaba asustada porque conocía viejas historias, había visto reventarse volcanes, derrumbarse montañas y surgir inundaciones. No bien entraron a la gruta, un profundo ruido subterráneo las hizo abrazarse, invocando al Sol y la Luna, sus espíritus protectores. Al ruido siguió un espantoso temblor que hizo caer cascajos del techo de la gruta. El grupo se arrinconó, aterrorizado. Cuando pasó el temblor, la montaña siguió estremeciéndose como el cuerpo de un animal nervioso.

Las mujeres palparon a sus hijos, pero nadie estaba herido. Respiraron un poco y miraron hacia la boca blanquecina de la gruta: por delante de ella cayó una lluvia de piedras que al chocar echaban chispas.

—¡Miren! —gritó Collalla—. ¡Piedras de luz! Nuestros antepasados nos mandan este regalo.

Como luciérnagas de un instante, las piedras rodaron cerro abajo y con sus chispas encendieron un enorme coihue seco que se erguía al fondo de una quebrada. El fuego iluminó la noche y las mujeres se tranquilizaron al ver la luz.

—La estrella, con su espíritu protector, mandó el fuego para que no tengamos miedo —dijo la abuela Collalla.

Todos aplaudieron el fuego. El grupo silencioso contempló las llamas como si fueran el mismo padre Sol que hubiera venido a acompañarlos. Se sentaron junto a la gruta, oyendo crepitar las llamas como música desconocida.

Al rato llegaron los hombres, desafiando las tinieblas para buscar a sus niños y mujeres. Caleu se acercó al incendio y cogió una llama ardiente; los otros lo imitaron y una procesión centelleante bajó desde los cerros hasta sus casas. Por el camino iban encendiendo otras ramas para guiarse.

Al otro día, oyendo el relato de las piedras que lanzaban chispas, subieron a recogerlas y al frotarlas junto a ramas secas lograron encender pequeñas fogatas. Habían descubierto el pedernal. Habían descubierto cómo hacer el fuego.

Desde entonces, los mapuches tuvieron fuego para alumbrar sus noches, calentarse y cocer sus alimentos.

En la religiosidad mapuche, cada componente de la naturaleza tiene su ngen, es decir, su dueño o cuidador: del cerro (ngen-winkul), del agua (ngen-ko), del bosque nativo (ngen-mawida), de la piedra (ngen-kurra), del viento (ngen-kurref), del fuego (ngen-kutral) y de la tierra (ngen-mapu). Sin los ngen el agua se acabaría, el viento no soplaría, el bosque se secaría, el fuego se extinguiría, el cerro se desmoronaría, la tierra se emparejaría, la piedra se partiría. El ngen anima a estas cosas, les da vida. Para la mayoría de los mapuches, el fuego habría sido entregado por los espíritus a las personas y su nombre en mapudungún es kütral, quitral o kütxa, que implica fuerza y poder. Es un elemento organizador de la vida comunitaria de la tierra y también de los hogares: nunca debe apagarse. Al ngen que lo cuida se le considera como dueño de la casa; reside en el fogón de la *ruka*. Con un soplo, vuelve a prenderse dando calor y comida caliente para la familia.

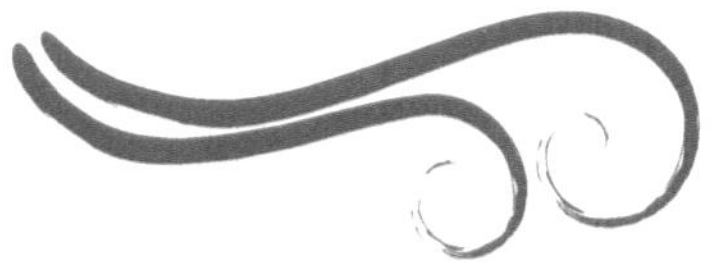

En un país lejano, un gran inca y su mujer tuvieron mellizos: un varón y una niña, tan grandes que la gente se asombraba. Crecían muy rápido y constantemente pedían de comer.

Como para el inca era una vergüenza y una desgracia tener más de un hijo en un solo parto, igual que los animales, consultó a una adivina qué debía hacer.

—Lo que yo preveo —contestó la mujer— es lo siguiente: estos dos mellizos son conquistadores de tierras y se parecerán a los zorros rojos en su astucia y en su fuerza. Sin embargo, solo te traerán desgracia a ti y a nuestro pueblo, porque el *Huecuve* los ha tomado bajo su protección. Tú perderás tu riqueza y también la vida si no los abandonas en tierras despobladas, donde deben estar. Si no son devorados por los animales salvajes, buscarán un lugar donde vivir, pero tendrá que ser allí donde tú no estés.

Así entonces, los niños fueron abandonados en un paraje desolado y lejano, y lloraban de hambre. Como el sol ardía, su piel se tiñó de rojo. Viendo ese color, una zorra roja se acercó a ellos y les ofreció su leche. Bebieron y se saciaron. Luego, esa zorra kulpeu arrastró a los niños a su guarida, donde estaban sus pequeños zorritos.

La zorra los crio a todos, y crecieron juntos. Los niños jugaban con los zorritos que pronto comenzaron a comer carne, cosa que los niños no querían hacer. Buscaban frutas dulces que abundaban en aquellas tierras silvestres.

Un día se dieron cuenta de que eran diferentes a los animales, comenzaron a llorar y ya no quisieron comer nada. Entonces se les apareció Nguenechén, porque fue él quien creó a las personas. Les dijo:

—Deben seguir caminando hacia el sur, por el sendero de tierra que ven ahí. Se encuentra entre esas vías de agua. Si lo siguen, llegarán a un país lejano donde todavía no hay ningún ser que se parezca a ustedes. Allí solo hay tierra, piedras, manantiales y arcilla. Las montañas están cubiertas de plumas blancas y a veces vomitan y escupen fuego, pero eso no les hará daño. Tomen esta vara de coligüe y caminen siempre, constantemente, sin detenerse. Allá donde la vara permanezca clavada en el suelo, allí deben quedarse. Esa tierra les pertenecerá a ustedes y a sus descendientes.

Y caminaron y caminaron junto a la zorra que llevaba a sus cachorros. Pero la vara no se atascaba en el suelo, aunque ya se encontraban en un territorio huraño y frío, desde donde se podía ver "el agua grande" que generalmente estaba enfurecida. Allí no había frutas dulces y la altura de las montañas era de hielo. Entonces volvieron a lamentarse y emprendieron el camino de regreso. Querían volver al país cálido donde había frutas que se podían comer.

Siempre caminando interminablemente, buscaron en la orilla del "agua grande" el sendero de tierra por el que habían venido. Pero no lo encontraron: donde debía de estar el rumbo de regreso a su casa, únicamente había agua y más agua. Por último, nuevamente volvieron atrás, siguieron avanzando hacia el sur y entraron a esos paisajes fríos.

Y allí, de pronto, la vara de coligüe se quedó clavada en la tierra y la niña dijo: "Aquí debemos quedarnos. Esta tierra nuestra la llamaremos Arauco, porque tiene agua barrosa". Pero el niño contestó: "¡No! La llamaremos Ñürrümapu, por la buena zorra que nos alimentó y nos acompañó hasta acá con sus cachorros. Para ella será la tierra igual que para nosotros. Fue buena con nosotros la madre kulpeu".

Y así ocurrió que el primer nombre de aquella tierra no fue Arauco, sino Ñürrümapu, que significa El País de los Zorros Rojos.

La autodenominación de mapuche (mapu=tierra, che=gente) es relativamente nueva y sirve para designar a distintos pueblos que vivieron (viven) desde la zona central de Chile hasta la isla de Chiloé. Originalmente, estas comunidades tenían su propio nombre, algunas de las cuales se mantienen: *picunche* (gente del norte); *huilliche* (gente del sur); *lafquenche* (gente del mar); *pehuenche* (gente del árbol pehuén), entre otras. Actualmente, el nombre *mapuche* ha reemplazado al de *araucanos*, que ellos jamás utilizaron para sí mismos. No hay acuerdo respecto del origen de este último apelativo. Algunos sostienen que la palabra *auca* es proveniente del quechua (*awqa*), que significa "salvaje" o "rebelde". Otros, que *araucano* podría provenir del gentilicio Arauco, nombre que los españoles daban a las tierras del sur, y que sería una castellanización del término mapuche *ragko*, cuyo significado es "agua gredosa". Hasta hoy, la zona próxima a Temuco, al sur del Biobío, se llama oficialmente Región de la Araucanía (IX región).

Se cuenta que en Pelluhue (que significa lugar de choros y almejas y que se encuentra en la actual provincia de Cauquenes) vivía Curi-Caven (Espino Negro), un mapuche pescador, casado con una mujer muy linda y hacendosa. Después de un tiempo de vivir juntos les nació una hija a la que llamaron Reyen-Caven (Flor de Espino). Desgraciadamente, al poco tiempo de nacida la niña, la madre enfermó y murió.

El infeliz Curi-Caven casi enloqueció por esta desventura. Aparte de que amaba mucho a su esposa, se dio cuenta de que la pequeña quedaba desamparada, pues él tenía que salir, noche a noche, a pescar para procurarse el sustento. Estaba a punto de desesperarse, cuando tuvo un sueño revelador: se le apareció Lafquen-Ghulmen, una divinidad marina, o dueño del mar, quien le prometió cuidar de la criatura hasta que cumpliera los veinte años.

—Tú anda a pescar tranquilo —le dijo—. A tu hija nada malo le sucederá. Durante veinte años te la cuidaré. Y, apenas cumpla esa edad, vendré a pedírtela en matrimonio.

Para solucionar su urgente problema, Curi-Caven aceptó la propuesta, pensando que después estudiaría la forma en que no se realizase ese extraño casamiento. Y así, su hija comenzó a criarse sin ningún inconveniente y su padre a progresar en sus faenas de pesca.

Reyen Caven creció esplendorosa como su madre y un día un mapuche joven y corpulento llamado Necul-Ñarqui (Gato Veloz) se enamoró de ella y quisieron casarse. Sin embargo, el pescador le negó a la pareja rotundamente su consentimiento, sin revelarle el grave compromiso que hace tantos años contrajera con Lafquen-Ghulmen. En el fondo de su alma tenía la esperanza de que aquella divinidad hubiera olvidado el pacto acordado en el sueño y así, después de cumplir los veinte años, Reyen-Caven se casara con quien realmente ella amaba.

Sin embargo, una semana antes de expirar el plazo, en otro sueño reapareció Lafquen-Ghulmen:

—Vengo a recordarte que dentro de seis días tu hija cumplirá veinte años y que me la llevaré para que se case conmigo —le dijo.

El pobre pescador despertó muy apenado. Llamó a su hija y a su novio y les explicó las causas que había tenido para negarles el consentimiento.

—He empeñado mi palabra y deberé ser fiel al trato que hice —terminó diciendo entre lágrimas.

Necul-Ñarqui juró que ello no ocurriría: defendería a su enamorada hasta el fin, aun a costa de su propia vida.

Al sexto día, el padre salió a pescar y Reyen-Caven y el novio permanecieron encerrados en la choza, esperando la aparición de Lafquen-Ghulmen. Entonces comenzó a desencadenarse un ventarrón tremendo y una ola de arena fue cubriendo la aldea. Arreciaba el vendaval y la arena seguía arremolinándose encima de las *rukas*. Por espacio de interminables horas rugió la violencia de la borrasca y, en cuanto el padre se vio libre de las olas furibundas y pudo recalar en la playa, se dirigió a la vivienda de la madre de Necul-Ñarqui, la única que escapó de ser sepultada por el alud, debido a que estaba construida en un cerro. Desde allí, sus ojos contemplaron horrorizados el manto de arena que cubría a la que fuera la aldea de Pelluhue y que ahora era el sepulcro de Reyen-Caven y de Necul-Ñarqui, la pareja cuyo empecinado amor produjo la frenética ira de Lafquen-Ghulmen.

Así desapareció el primer pueblo Pelluhue, y con él también las últimas familias aborígenes que quedaban en aquellos contornos.

En la religiosidad mapuche, los sueños (peuma) constituyen un mundo tan real como el que tenemos en la vigilia y tienen mucha importancia para las personas y las comunidades. En rigor, cuando una persona sueña, el alma (*püllü*) sale del cuerpo y así puede viajar, dialogar con espíritus de otro mundo, vivir experiencias verdaderas y distintas, y hasta recibir anuncios respecto del futuro. La tradición mapuche recomienda contar y comentar los sueños todos los días temprano en la mañana; de lo contrario se disuelven. En muchos casos, y cuando son de interés colectivo, los mensajes trasmitidos en el sueño tendrán que ser interpretados por la *machi,* la mujer que ejerce las funciones de chamán, médico y gran experta en las propiedades de las yerbas medicinales. La designación de esta persona también proviene de los sueños.

Hubo una época en que los mapuches se olvidaron de Antü, el Sol. No lo invocaban ni lo recordaban, ni tampoco le hacían una rogativa cada doce meses.

Mientras, en el Valle Embrujado —que ahora le dicen Encantado— los Pillán comenzaron una larga y furiosa batalla. Se tiraban rocas de fuego y de las cuevas salía un polvo negro que todo lo tapaba. Las piedras ardientes cruzaban el valle y a medida que aumentaba el ruido y el polvo, todo se fue oscureciendo y ya nada se podía ver. La tierra comenzó a arruinarse, pero Antü se negaba a iluminar el campo.

Danzando furioso sobre las piedras más altas, se encontraba uno de los Pillán, el *Trauko*. Con rabia saltaba sobre la montaña y le gritaba a quien era su peor enemigo, *Ngen-kürüf*, el espíritu del viento:

—¡No te salvarás! Esta vez te arrojaré todas las rocas que tenga este volcán.

Así se desarrollaba la gran batalla. Con mucha violencia, ambos Pillán se tiraban rocas encendidas y lenguas de fuego atravesaban el amplio valle que el viento expandía. Todo ardía. Los terribles estrépitos y la confusión dominaban la tierra devastada y en penumbras.

Entonces la montaña, que era muy alta y estaba cubierta de nieve, decidió arrojar todo lo que albergaba en su interior. La lava, el fuego, las piedras, el barro y el humo se desparramaron por el valle y provocaron la destrucción y la muerte. A pesar de todo, los Pillán continuaban lanzándose rocas desde un lado hacia el otro. Pero nada de esto perturbaba el sueño de Antü, que dormía serenamente y no iluminaba la Tierra porque los mapuches ya no lo invocaban ni le dedicaban ofrendas.

Como la batalla continuaba, los animales ya no encontraban dónde protegerse y corrían desorientados y sin rumbo. Las bolas de fuego que atravesaban el aire iluminaban la tierra, que se abría en grandes pozos por donde caían los seres vivos, las plantas y los árboles.

Algunas plantas lograron sobrevivir aferrándose a las piedras y ahí se quedaron. Otras pudieron treparse a algunos árboles y todavía no quieren abandonarlos.

La confusión iba en aumento y casi nada de lo conocido quedaba en su lugar. La nieve se derretía con el fuego y el agua inundaba los ríos creando nuevos lagos. Las montañas se apilaban unas sobre otras o desaparecían en los profundos pozos de la tierra que las tragaba.

Ocurrió entonces que el *Trauko*, que tenía mejor puntería, consiguió hacer tambalear a su enemigo, el Espíritu del Viento, que se había quedado solo por un momento, sin los espíritus que los auxiliaban. El *Trauko* aprovechó la oportunidad y, con un tiro certero, logró que una enorme roca se despeñara. En su caída, la roca arrastró al desprevenido Espíritu del Viento por la ladera. Rodando y rodando, este Pillán no lograba aferrarse a la montaña a pesar de sus largos brazos, ya que cualquier rama o piedra saliente lo quemaba. Todo estaba encendido y ardía.

A punto de perderse en el profundo abismo, al Espíritu del Viento lo salvó su barba larga, tan larga que tenía como mil metros: en la caída se fue enredando entre los arbustos y las piedras, lejos del fuego que ardía en el cielo. Sucedió que en el descenso esta barba se aferró a un robusto árbol. Era el ñire (o ñirre), de raíces muy fuertes, bien afianzadas entre las rocas de la ladera de la montaña. En mapudungún, su nombre significa zorro, porque estos animales acostumbran a hacer ahí sus madrigueras. Entonces, a pesar de que el *Trauko* iba ganando la batalla, llegó la salvación para el Espíritu del Viento porque, con sus barbas firmemente aferradas a ese árbol poderoso, no cayó hacia el abismo y sobrevivió.

Entonces, el Espíritu del Viento le habló así al ñire, agradecido:

—Aferraste mi barba y por eso pude salvarme. Ahora te la dejo para que te proteja. Desde ahora, ningún ñire sufrirá por el feroz viento que yo provoco, ni verá desgastarse la montaña donde habite. Así, mi barba protegerá tus ramas para que ni siquiera la misma nieve pueda quebrarlas.

Cuando terminó de decir estas palabras, el Espíritu del Viento le entregó al ñire su barba, que desde entonces se puede ver: es un liquen verde claro con aspecto piloso, que está adherido a su tronco y a sus ramas, que lo abraza y lo resguarda.

Desde aquella época, cada vez que el Espíritu del Viento pasa cerca del ñire y ve su barba, recuerda que sigue vivo gracias a él y lo acaricia, agradecido.

El Pillán es uno de los espíritus más presentes en el mundo religioso mapuche, aun cuando su definición ha cambiado a través del tiempo. Sin embargo, se mantiene un significado claro: se trata de una divinidad poderosa que habita principalmente en los volcanes y su presencia se hace sentir a través del fuego, el humo, los temblores y la lava que ocurre con cada erupción. Son seres que manejan el clima y, en general, todo lo relacionado con el fuego y las luces: truenos, relámpagos y rayos. En ese sentido es alguien contradictorio, porque también puede ser maléfico. Se piensa que los antepasados más importantes se convirtieron en pillanes y por ello se le deben hacer rogativas y entregar ofrendas para conseguir su protección.

Un matrimonio huilliche tenía dos hijas: una se llamaba Marta y la otra, María. Al llegar a la pubertad, ambas jóvenes vivían en una muy difícil convivencia, pues peleaban continuamente.

Aburridos de esta situación, una mañana los padres las invitaron a pasear a la orilla del mar. Anteriormente, ellos habían acordado castigar a Marta, que era la más peleadora y soberbia, lanzándola a las olas. Sin embargo, cuando lo hicieron, lejos de sentir que aquello era una sanción por su comportamiento, se encontró feliz en el agua: nadaba, se zambullía y desde adentro decía que siempre había querido estar ahí. En un momento dado giró su curso, comenzó a nadar mar adentro hasta que desapareció. Los padres y María la esperaron, pero no la vieron más. Al poco rato, los tres notaron que desde que Marta se había sumergido para siempre en el mar, las olas eran más grandes y embravecidas.

Decidieron volver a la casa. Al llegar, María se puso a llorar, porque también quería irse junto a su hermana. Tanto insistió y rogó, que los padres decidieron llevarla al mar. Ella corrió hasta las olas y se hundió, buscando a su hermana. Al parecer la encontró de inmediato, porque el mar se encrespó y subió la marea, como si Marta y María estuvieran peleando nuevamente, ahora bajo las aguas.

Los padres se quedaron sin sus hijas, pero se conformaron pensando que si ellas estaban felices en esta nueva condición, sería mejor que vivir en la tierra. Con el pasar de los días observaron que en algunos periodos el mar estaba calmo y la marea baja, lo que quería decir que en ese momento las hermanas se habían reconciliado. Sin embargo, en los días siguientes las olas crecieron y la marea subió, lo que significaba que Marta y María nuevamente estaban en conflicto y luchaban una contra la otra.

Los padres se resignaron a que siempre sería así, como cuando vivían con ellos. Aunque ahora no las veían ni escuchaban, sabían cómo estaban las relaciones entre las hermanas, por la fiereza o por el sosiego que el mar mostraba en sus cambiantes periodos.

Aun cuando la palabra mapuche significa gente de la tierra, en realidad su historia, su vida y sus costumbres están ligadas a los ríos, a los lagos y al mar. Innumerables registros arqueológicos y etnográficos confirman que fueron navegantes que utilizaban el agua como un sistema de transporte fluvial y terrestre. Para ello se valían del wampo, una canoa construida de un solo tronco. La navegación fue un importante mecanismo de integración social y territorial, ya que permitió el intercambio de especies, así como la generación de alianzas entre familias. Ríos, lagos y el mar están presentes en las costumbres, la comida, hábitos cotidianos y formas de supervivencia. Por ello no es extraña la presencia del agua en la mayoría de sus mitos y leyendas y su fusión con las personas, como en esta leyenda. Tradicionalmente, los mapuches son expertos nadadores. La importancia de los ríos aparece también en su cosmovisión: existe un gran río terrenal y otro espiritual.

Relatos de animales de este mundo y del otro

Cómo las cotorras llegaron a las *rukas* de los mapuches

En sus primeros tiempos, los mapuches vivían en las regiones cálidas, a veces muy secas, donde no se conocían la nieve ni el hielo, ni la oscuridad del invierno ni la inclemencia de los vientos helados y de las tormentas. Sin embargo, los gobernantes Nehuén y Mutaquén decidieron que debían salir de sus comarcas y buscar otro lugar para vivir, donde hubiera lagos, espesos bosques y coloridas flores. Alzaron sus *rukas*, las subieron a los lomos de los guanacos y marcharon hacia el Sur. Pasó la luna llena, la menguante y otra luna llena, y todavía no habían encontrado un sitio donde establecerse.

Finalmente llegaron a una región montañosa llena de bosques, en los cuales era muy difícil penetrar. Los troncos inmensos y el tupido ramaje casi no los dejaban pasar, pero después de muchos esfuerzos los cruzaron y descubrieron lagos de agua cristalina y pastos abundantes para los guanacos. Encontraron que era un buen lugar para vivir.

Armaron sus *rukas*. Los guerreros salieron de caza y regresaron con zorros y nutrias de piel suave y bella, animales distintos de los que estaban acostumbrados a ver, y también con el huemul, que era grande y que hacía que la comida fuera buena y abundante. Las mujeres se dedicaron a hilar la lana de los guanacos y a tejer vestidos nuevos. Todavía no sabían del frío que estaba por venir, pero cuando la nieve y las tormentas llegaron, supieron cómo abrigarse y cómo guardar comida para los meses de oscuridad.

Los hombres tenían que enfrentarse al puma, que bajaba de las montañas a robarse los guanacos, la propiedad más valiosa de los mapuches. Como ellos casi no podían salir de sus *ruka*s durante los meses de invierno, los guanacos les daban leche y lana; por eso, nunca mataban a ninguno de estos animales, a menos que fuese absolutamente necesario.

Los mapuches vivían felices en su nueva tierra y así pasaron los años. Ya nadie recordaba el país de donde habían venido. Solo en los cuentos (*epus*) se narraba la historia de la gran marcha, de las regiones que habían dejado allá, donde todo el año transcurría sin que se sintiera frío.

Los guerreros sabían usar armas, pero no había nadie contra quien pelear. Los hombres se entrenaban luchando contra el puma y los gatos monteses. La armonía reinaba entre ellos. Sin embargo, fueron dos hermanos, Urutén y Amancá, hijos del gobernante Nehuén, quienes destruyeron la paz entre los mapuches.

Urutén y Amancá se enamoraron de la hermosa Furuquená. Ambos hicieron para ella un collar brillante de plata (trapelakucha), pero ella no le recibió la joya a Urutén, pues amaba a Amancá. Entonces, los hermanos lucharon. Amancá logró vencer a Urutén, quien no pudiendo soportar su derrota ni el rechazo de la joven, decidió marcharse. Entonces recordó lo que contaban los bisabuelos y decidió buscar la tierra de sus antepasados. No temía luchar contra los guerreros que se habían apoderado de las comarcas del Norte.

Muchos jóvenes lo acompañaron. Urutén llevaba su rebaño, que era numeroso, y sus armas. Las madres de los viajeros trataron de convencerlos de que era mejor quedarse y buscar la paz, pero los jóvenes estaban decididos a marcharse. Algunos llevaron a sus esposas.

Pasaron mucho tiempo buscando las tierras de sus antepasados, pero no pudieron dar con ellas. Llegaron a lugares desolados y pobres, donde casi no había árboles ni arbustos. Los animales no encontraban comida y fue necesario sacrificarlos. Decidieron cruzar las montañas, orientándose por el sol al amanecer. Pensaron que no sería difícil llegar al otro lado de los cerros, pero cada mañana otras montañas se alzaban ante sus ojos.

Ya casi no tenían qué comer y no había animales para cazar. Las rocas a su alrededor se hallaban desnudas por el viento y la sequía. Muchos se enfermaron por la altura, pero no quisieron regresar. Les parecía más fácil proseguir su búsqueda que pensar en un retorno.

Por último encontraron llanuras habitadas, pero la gente que vivía allí era muy pobre y no hablaba el mismo lenguaje de ellos. Esto los intrigó enormemente: ¿qué idioma era ese? ¿Por qué la gente se comunicaba de una manera totalmente incomprensible? Allí era imposible permanecer.

Siguieron su camino y no tardaron en llegar a unos ríos de agua limpia. ¿Habría sido aquella la región de sus antepasados? Vivía ahí otro pueblo, pero sus habitantes tampoco entendieron su lenguaje.

Finalmente encontraron a los guaraníes, las gentes que habitaba esas tierras. Y aunque tampoco conocían su idioma, los recibieron con respeto y los trataron como a huéspedes. Los mapuches se maravillaron de la riqueza de la comida. Los peces abundaban en los ríos y en la selva había animales y frutos. Este pueblo no conocía el frío ni el invierno. Alrededor, todo era verde. Se quedaron allí y aprendieron a hablar con ellos; oyeron del gran Tupá, su dios, que les regalaba todo lo que necesitaban.

Algunos hicieron una propuesta:

—Vamos a llevarle a los nuestros lo que hay por aquí, que es bueno y abundante. Es necesario que sepan que existe este paraíso al otro lado de las montañas. Sería conveniente volver.

Sin embargo, Urutén no quiso retornar a las tierras mapuches del sur: se había enamorado de una joven guaraní que le parecía más bella que aquella mujer que había perdido en su comunidad.

Pero muchos emprendieron el camino de regreso. Las muchachas que los acompañaron, las que no tenían niños, llevaban matas y semillas para sembrarlas en sus tierras, pero al llegar a las montañas las plantas murieron. Fue duro el retorno: allí, en aquellos lugares tan lejanos, dejaban la mitad de sus corazones.

Por fin llegaron a su tierra de origen y les contaron a sus familiares lo que habían visto. Nadie, sin embargo, creía lo que decían, pues era imposible imaginar una vida sin invierno, sin oscuridad y sin frío. "Están mintiendo. No existen pájaros de colores tan vivos ni frutos tan dulces como ustedes dicen. Son mentiras, mentiras", insistían.

Las muchachas se lamentaron. "Les demostraré que decimos la verdad", pensaron. Y empezaron a implorarle al gran Tupá que les ayudara. Y les ayudó: transformó a los viajeros en cotorras. Y ahí estaban, ante los ojos asombrados del pueblo, los pájaros —de plumaje verde y rojo— que sabían hablar y decir que regresarían al paraíso del

Paraná para volver, en la época cálida del año, a las tierras mapuches y contar lo que habían visto.

Desde entonces, las cotorras se encuentran al lado de los nevados del sur de Chile. Pasan los meses de verano en las tierras mapuches y luego vuelven al Norte.

El mapudungún, la lengua de los mapuches, tiene una notable característica: es un idioma común a todas las comunidades de este pueblo (con muy pocas variaciones dialectales), desde la región de Aconcagua hasta Chiloé. Esto es algo que no ocurrió con el resto de los pueblos originarios de América, donde cada grupo poseía su propia lengua, incluso en aquellos cercanos geográficamente. Se calcula que el mapudungún se formó hacia los años 500 o 600 de nuestra era, y a través de los siglos ha tenido pocas variaciones. Es posible que su condición de "lengua común" se deba a los contactos permanentes que hubo entre las múltiples y diversas comunidades, a pesar de vivir a cientos de kilómetros de distancia. Aunque en Chile 1.745.147 personas se consideran pertenecientes a la etnia mapuche (el 9,9% de los chilenos), de acuerdo al censo abreviado de 2017, se calcula que no más de 250.000 habla mapudungún.

El joven mapuche y el Cuero

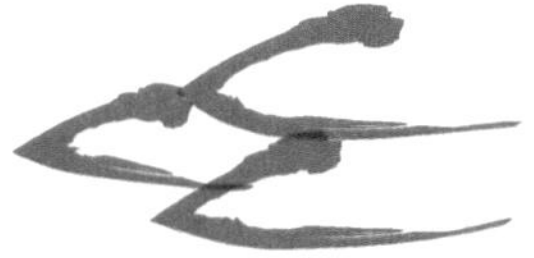

Cuentan que un hombre rico le pidió matrimonio a una niña muy bonita, hija de una autoridad de su comunidad. Su nombre era Llanca.

La niña no quería casarse con el hombre rico, porque era muy feo y solo tenía un ojo, pero el padre insistía en que lo hiciera, porque el hombre rico tenía mucha plata y él se había empobrecido: le habían robado incluso sus animales.

La niña lloraba, pero el padre fue categórico: "Debes casarte".

Unos días antes del matrimonio, Llanca fue a buscar agua a una laguna y no volvió a la *ruka*. El padre la buscó y también el novio rico, pero no pudieron encontrarla. Lloraban ambos hombres. La gente les aseguró que algún kalku (brujo) la había raptado.

El padre de Llanca tenía un sobrino llamado Lihue, que le dijo:

—Yo buscaré a tu hija, pero a condición de que me case con ella. Te prometo que después de casarme trabajaré para darte plata.

—De acuerdo —respondió—. Búscala y te doy mi palabra: te casarás con ella.

Entonces, sospechando lo que había pasado, el joven Lihue subió al monte y cortó un quisco. Esta es una planta nativa que crece en casi todo el país: es como un árbol, no muy grande, de forma cilíndrica y cubierto de poderosas espinas. Con este quisco se fue a la laguna y esperó que surgiera un Cuero grande, como un cuero de vaca que nadaba sobre el agua. Él sabía que este era un animal muy dañino, con ojos en los bordes y donde debería estar la cabeza poseía cuatro ojos más grandes. Tiene una fuerza poderosa y es capaz de envolver a un jinete con su caballo y arrastrarlos hacia el fondo de una laguna.

Con serenidad, el joven entró en el agua y rápidamente el Cuero se precipitó sobre él para enrollarlo, pero el joven tenía en las manos y en las piernas atado el quisco, así es que el Cuero se clavó con las espinas y comenzó a dar saltos en el agua. Lihue estaba encima del Cuero, como en un bote, y no dejaba de clavarlo. Salía tanta sangre del Cuero que casi llegó a teñir las aguas de la laguna. Tratando de salvarse, el Cuero se acercó a un tronco de un árbol muy grande que estaba metido en el agua. Lo hizo a un lado y Lihue vio la entrada de una gruta.

Lihue entró en la cueva y vio a un hombre muy raro, que tenía una pierna pegada a la espalda y la cara vuelta hacia atrás. Era muy gordo, como si estuviera hinchado. Con toda seguridad se trataba de un *imbunche*. El joven mapuche no pudo ver su rostro y corrió sobre él de un salto y tomándole la cabeza, la volvió. Cayó el hombre al suelo y Lihue le enterró su cuchillo sobre el vientre y salió aire silbando. Poco a poco el hombre fue adelgazando hasta desaparecer.

Entonces, Lihue buscó al interior de la cueva y encontró a muchas niñas amarradas. Estaba también la hija de su tío, Llanca. Lihue las hizo salir y ellas le dijeron que el Cuero se llevaba a las jóvenes que iban a la laguna y las entregaba al hombre que vivía en la caverna. Las obligaba a casarse con él o bien las mataba para chuparles la sangre.

Lihue notó que las piedras de la cueva brillaban como plata, aunque no dijo nada. Tomó un puñado de ellas, las llevó afuera y lo escondió en el tronco del árbol que servía de puerta.

El Cuero había muerto, pero seguía flotando. Entonces, Lihue se subió en él y volvió a la *ruka* de su tío con Llanca y las otras jóvenes.

El rico quiso casarse con la niña, pero Lihue peleó con él y le reventó el único ojo, así es que quedó ciego y fuera de combate.

Entonces, el padre le dio su hija a su sobrino Lihue y él, con las piedras de plata que había traído, le compró animales a su tío, vestidos para su mujer y alimentos, y para él un caballo con ricos adornos de plata.

La leyenda del Cuero (en algunos lugares llamado Manta) tiene muchas versiones en la tradición mapuche (y también prehispánica). Se trata de una de las más populares referidas a animales mitológicos. En general, todos los relatos concuerdan en que se trata de un cuero de un vacuno que flota en lagos o lagunas y observa a las personas o animales que se acercan a la orilla, a través de sus múltiples ojos. Para algunos es una especie de pulpo y para otros tiene garras y tenazas. En todos los casos predomina una característica esencial: su fuerza irresistible con la que atrapa a su presa, la ahoga y la arrastra hasta el fondo. Según dicen los testimonios, sus víctimas nunca fueron encontradas.

El Cuero y el origen del pato huala

En un hermoso valle cordillerano, en las costas del lago Budi, vivía hace mucho tiempo una niña llamada Huala (Pájaro de Río). Sus días eran tranquilos. Solo se dedicaba a estar con su familia, jugar con sus amigos y ayudar en los quehaceres de la *ruka*. Una de las tareas que más le gustaban era ir a recoger agua al lago. Allí solía quedarse un buen rato. Aprovechaba para lavarse y peinarse mirándose en el espejo de agua.

El espíritu dueño del lago, de tanto ver sus hermosos ojos negros reflejarse en las cristalinas aguas, se fue enamorando de ella. Así transcurrieron muchos años. Huala crecía y se desarrollaba hasta que llegó a ser una joven muy atractiva.

Un día, mientras Huala tranquilamente sacaba agua, una enorme garra emergió del lago y la atrapó fuertemente, arrastrándola a las profundidades. Los gritos de desesperación y angustia fueron escuchados por sus padres, quienes acudieron enseguida armados con palos para defenderse. Pero ya era tarde: Huala había desaparecido. Solo pudieron ver las ondas concéntricas que había dejado el cuerpo de la niña al ser sumergida. De inmediato comprendieron que su hija había sido raptada por un Cuero y entregada al espíritu del lago. Ya no se podía hacer nada, porque ese monstruo era invencible. De pronto, la orilla se llenó de peces. Era el precio que el dueño del lago les pagaba por arrebatarles a su hija.

Huala fue llevada hasta una cueva en las profundidades de las aguas. Estaba aterrada, pero más lo estuvo cuando contempló los despojos de otras víctimas a las que les faltaban las cabezas. Esas cabezas son las que el dueño del lago hace rodar desde las cumbres en forma de bolas de fuego y que los mapuches llaman cheruve (meteorito). La niña no pudo soportar esto y cayó desmayada sobre las rocas.

Al despertarse, el espíritu del lago se presentó como un joven buen mozo, que le declaró su amor.

—Te prometo que te trataré con cariño y dulzura si quieres ser mi esposa para siempre —le dijo.

Huala, angustiada y sollozando, le contestó:

—Yo solo quiero seguir viendo a mis padres y vivir en el lugar de mi infancia. Quiero contemplar los árboles, las montañas y los valles.

El joven aceptó su pedido, pero con una condición: nunca debería abandonar esas aguas. Así fue como, tomando su nombre original, transformó a esa niña en un ave parecida a un pato, pero con patas y alas muy cortas para que no pudiera volar lejos ni caminar bien en la tierra: sería un pájaro de río que vivirá en el agua eternamente. De esta manera se aseguró de que Huala no se alejara nunca del lugar y siguiera viviendo junto a él.

Desde entonces, y hasta hoy, la Huala habita los lagos del sur en los que nada con gran agilidad y se sumerge hasta lo más profundo. Emite un grito muy parecido al de las personas, que semeja a un gemido de angustia, como cuando fue capturada por el Cuero. Aún tiene la ilusión de que algún día termine el hechizo, pueda volver a ser libre y retornar a su hogar y por eso nunca se desplaza hasta el centro de los lagos, sino que se mantiene en las orillas, por si puede ser rescatada de su condición.

El pato huala es un hermoso ejemplar de vivos colores. Sus patas están colocadas muy atrás, por lo que es un excelente nadador. Por lo mismo, su caminar en la tierra es muy torpe. Raramente remonta el vuelo, casi siempre cuando está en peligro. A pesar de su belleza, se le asocia con desdichas y adversidades. Se cree que sus graznidos auguran desgracias a quienes los oyen, como la muerte de un familiar. Más al sur, en Aysén, estos sonidos se interpretan como el anuncio de una ruptura amorosa. Se dice: "A este le cantó la huala" para referirse a una mujer que deja a su marido y se va con otro.

La serpiente que consiguió el fuego

Cuando Nguenechén creó a los seres humanos, les entregó la tierra y el agua, pero no el fuego. Les prohibió acercarse a las cumbres de los cerros donde ardían las llamaradas: no debían conocerlo ni usarlo, porque solo le pertenecía él.

Pero llegó un invierno muy riguroso. Los niños morían antes de nacer, el alimento se congelaba y los animales comenzaron a desaparecer. Como consecuencia de eso sobrevino una gran miseria y solo algunos pudieron sobrevivir. Los arroyos que corrían vertiginosos se convertían en hielo en su curso y solo a la mitad del verano se descongelaron.

Movidos por esta calamidad, un día los animales y las personas celebraron una asamblea para deliberar sobre el fuego y decidir si se apoderaban de él, como una manera de hacerle frente al frío inclemente. Uno de ellos dijo:

—El gran padre Nguenechén nos prohibió buscar el fuego que alumbra en el cerro, brilla a la luz del sol y aparece en los rayos. Pero nosotros lo necesitamos, porque reina un frío terrible en las montañas y las rápidas corrientes de agua se congelan y se vuelven duras como piedras. Rara vez nos alumbra el sol y cuando lo hace, inmediatamente surge una nube frente a él, que hace levantarse un fuerte viento helado. Si está prohibido para nuestro pueblo ir a buscar el fuego, entonces que lo haga un animal y de esta manera no vamos contra los designios de Nguenechén. ¿Quién se ofrece?

Muchos animales aceptaron el desafío y fueron a buscar el fuego ahí donde nacía: en lo alto de la montaña, pero ninguno lo consiguió: siempre volvían medio quemados o simplemente no volvían. Era peligroso acercarse a la cumbre de la montaña, porque el demonio del volcán les enviaba grandes llamaradas, las que nunca podían atrapar, aunque sí los quemaban.

Pero después volvió el verano y retornó el calor. Sin embargo, la gente ya pensaba en el próximo invierno helado y se dijeron: "Un animal abrigado por piel o por plumas se quema con mucha facilidad. En cambio, un animal frío demora más tiempo en sentir el calor. Por eso, la serpiente podría intentar robar el fuego: ella siempre tiene frío y busca el calor".

Al oír esto se rio la lagartija azul y dijo: "A mí también me gusta el calor, pero allá arriba igualmente me chamusqué". Sin embargo, la serpiente, que en aquel entonces aún caminaba erguida, trepó a la montaña de fuego. No se atrevió a acercarse al centro de las hogueras, sino que descubrió una rendija que se encontraba más abajo. Antes de penetrar en ella colocó su veneno amarillo en una piedra y como arriba hacía mucho calor, debió colocar unos pequeños huevitos que también depositó junto al veneno para pasar a buscarlos más tarde.

Entró apresuradamente al corazón de la montaña, tomó un pedacito de fuego, lo colocó en su espalda y volvió a salir subrepticiamente por la rendija. Sin embargo, el fuego quemaba tan intensamente su piel clara, que se volvió negro lo que antes había sido amarillo. Se restregó largamente contra la pared de una roca, de modo que se desprendió su piel y se la sacó como si fuera una camisa. En ella envolvió el fuego. Pero se había quemado tanto que para aliviarse se revolcó en la mucosidad de sus huevitos y en su propio veneno. Por eso su vientre hasta hoy es amarillo y en su espalda se ven las manchas de las quemaduras que muestran pequeñas partes más claras, que fue donde los huevitos dejaron su huella. Además, las heridas le impidieron volver a caminar erguida y a partir de ahí debió deslizarse por la tierra.

Así se hicieron los mapuches poseedores del ansiado fuego. Sin embargo, como la culebra tenía la sospecha de que se olvidarían de agradecérselo, quiso asegurarse y les dijo:

—Ni el hielo podrá calmar mis dolores. Por eso exijo que ustedes nunca maten a ninguno de mi familia, que respeten mi piel chamuscada que se desprendió de mí y los huevitos, porque solo gracias a ellos y a mi veneno pude traer el fuego. Si ustedes matan a una serpiente, a cambio nacerán dos, y de la cantidad que hayan matado siempre verán el doble. Además, exijo que nosotras podamos mirar el sol hasta el último momento y no tengamos que morir cuando este se oculte.

Desde entonces, las serpientes mudan su piel y no paren animales vivos.

Como en la mayoría de las culturas, la culebra (o serpiente, filú, en mapudungun) es un animal muy presente en la cosmogonía mapuche y adquiere diversos significados, aun cuando habitualmente está relacionada con el temor que provoca. En muchos relatos, la serpiente aparece como un ser que antes caminaba erguido, pero por haber realizado alguna mala acción fue condenado a arrastrarse. En otras ocasiones pueden convertirse en persona y engañar a los seres humanos, e incluso cuando los cabellos de estos últimos son usados por los pájaros para construir sus nidos o cuando caen al agua, se pueden transformar en *Pelo Vivo*, que son unas peligrosas culebras que atacan a la gente en ríos y lagos.

En una ocasión, el zorro supo que en el cielo se estaba organizando una gran fiesta donde participarían animales de todas partes, personas y varios espíritus. Como quería asistir pero no tenía alas que lo llevaran, le pidió ayuda al cóndor. Este accedió y sobre su lomo lo trasladó hasta el lugar. Después, el cóndor volvió a la tierra, ya que no le gustaban esas reuniones tan festivas, ni tampoco las bromas que el zorro le había hecho a lo largo del viaje.

Durante su estadía en el cielo, el zorro se dedicó a comer enormes cantidades de alimentos, sobre todo su comida favorita: semillas de las plantas más nutritivas, que en la Tierra eran escasas. Después de unos días se sintió satisfecho y decidió retornar a su hogar. Sin embargo, vio que estaba imposibilitado de hacerlo, ya que el cóndor nunca regresó al lugar de la fiesta. ¿Cómo bajar? Con hilo y lana tejió una larga y colorida trenza. Cuando estuvo lista, la afirmó bien a una piedra del cielo, la lanzó al vacío y comenzó a descender con bastante rapidez.

Cuando llevaba un gran trecho avanzado, comenzó a distinguir en el aire varios pájaros. Algunos loros se le acercaron con curiosidad: ¿de dónde vendría este zorro volador? Y el zorro, siempre burlón de los demás animales, comenzó a gritarles "¡Loro nariz de trompo, loro narigón!". La bandada de loros recordó entonces las antiguas bromas pesadas del zorro y decidió darle una lección: a picotazos cortaron la trenza y el zorro se precipitó al vacío.

—¡Voy cayendo, voy cayendo! —gritaba el zorro—. ¡Coloquen algo abajo para que la caída sea suave!

La mayoría de los animales que estaban en tierra firme solo miraron el descenso del zorro y nada hicieron para amortiguar el golpe que le esperaba. Solo se movilizó su compadre, el zorrillo, quien amontonó púas y espinos en el lugar donde el zorro aterrizaría. Nunca se supo si eligió este material porque el zorrillo era despistado o porque quería dañar al zorro, como otros animales. Sea como fuere, a ese montón de ramas puntiagudas fue a dar violentamente el zorro, quien explotó en mil pedazos. De su interior saltaron las semillas que había comido en los días de fiesta en el cielo, se esparcieron por todos los lugares y de allí nacieron nuevas y hermosas plantas y árboles, que entregan sus frutos que nos sirven de alimento hasta hoy.

Sin saberlo, en esta ocasión el zorro le había hecho un bien a la humanidad.

El zorro es posiblemente el animal que más aparece en leyendas, fábulas, mitos y cuentos populares de todo el mundo. En casi todos ellos se le asocia con la astucia, la agudeza —que la trasmite en burlas al resto de los animales e incluso personas—, y hasta con la malignidad y la sensualidad. También en varios relatos se le otorga el papel del "burlador burlado", sobre todo cuando desafía a otros animales a competencias en las que se cree ganador de antemano. En el mundo mapuche, el zorro es obviamente un protagonista dotado de astucia, la cual en el origen de este pueblo se la trasmite a las personas para ayudar a su supervivencia. Sin embargo, en muchos casos es también autor de numerosas fechorías y capaz de aliarse con brujos, sobre todo el *Huecuve*. En algunas partes se piensa que cuando los brujos quieren cometer de noche sus fechorías, se convierten en zorros.

Cuentan los más viejos que un día un mapuche del llano llevó a sus hijos —una niña y un niño— a recoger piñones para el invierno. En eso estaban cuando, de repente, sobrevino un cataclismo, un abrupto cambio de tiempo, de fuertes vientos y lluvia. El mar empezó a crecer y los ríos a desbordarse. Las aguas subieron hasta una roca que servía para guarecer a esta aterrada familia. No había más que esperar que las aguas bajasen un poco para volver al hogar. El padre, en su afán por encontrar una salida, resbaló y cayó en el abismo, y desapareció para siempre. Los niños quedaron solos y no hacían más que llorar y pedir ayuda.

Poco después, un enorme árbol se desprendió del suelo y, al golpear en la granítica pared, una zorra y un puma saltaron del tronco a la roca donde estaban los niños. Nada hicieron contra ellos, que estaban muy atemorizados. Al bajar las aguas, las fieras tenían tanta hambre que tuvieron intención de devorar a los dos niños, pero eran tan pequeños y lloraban tanto, que se compadecieron de ellos. El puma los cargó en su lomo y los llevó a su cueva, donde ambos carnívoros los alimentaron, primero con leche, y después con el producto de sus cacerías.

Con el tiempo, los cuatro comenzaron a tener una vida en común. La zorra y el puma les enseñaron a los niños todo lo que sabían: cómo cazar, cómo sobrevivir, cómo enfrentar los vientos y el fuego, el gélido frío y el calor extremo. También les enseñaron a sonreír a los conocidos y a poner semblante fiero ante los enemigos. Y los instruyeron acerca de cómo oler y oír con agudeza, de cómo mirar en las grandes distancias. De a poco fueron aprendiendo, y cuando pudieron volver a la tierra poblada eran unos jóvenes vigorosos, valientes e inteligentes, que sabían alimentarse y sobrevivir. De esta leyenda surge que los mapuches adquirieron lo mejor de los dos animales que los criaron: la fuerza del puma y la astucia de la zorra.

Son de gestos robustos, desbarbados,

bien formados los cuerpos y crecidos,

espaldas grandes, pechos levantados,

recios miembros, de nervios bien fornidos;

ágiles, desenvueltos, alentados,

animosos, valientes, atrevidos,

duros en el trabajo y sufridores

de fríos mortales, hambres y calores.

No ha habido rey jamás que sujetase

esta soberbia gente libertada,

ni extranjera nación que se jactase

de haber dado en sus términos pisada,

ni comarcana tierra que se osase

mover en contra y levantar espada.

Siempre fue exenta, indómita, temida,

de leyes libre y de cerviz erguida.

(Alonso de Ercilla, *La Araucana*, Canto I).

Árboles, flores y alimentos

Cómo los piñones se convirtieron en el alimento de los mapuches

Entre los árboles que traen fruta, Nguenechén creó el pehuén para beneficio de la gente, cuyas cápsulas de semillas con forma de cabeza al principio no lo consideraban un alimento.

Los mapuches veneran el pehuén y lo consideraban un árbol sagrado: a su sombra se brindan ofrendas de carne y humo, salpicándolas con *muday*, la chicha dulce o fermentada, adornándolo con regalos. Sin embargo, antiguamente las pepitas dulces del pehuén quedaban inutilizadas, quizás porque no tenían buen sabor cuando estaban crudas y la gente no sabía prepararlas, de modo que las dejaban tiradas en el suelo, considerándolas venenosas o simplemente inservibles.

Pero ocurrió que el pueblo mapuche pasó por un período de gran hambruna, tanto que murió mucha gente, sobre todo niños y ancianos. Entonces, los viejos de las comunidades mandaron a los más jóvenes en busca de comestibles de distintas clases y a distintas partes: bulbos de lirio y otras flores, plantas, bayas, hierbas y granos de cereales silvestres, raíces amarillas dulces y, naturalmente, también carne de animales salvajes. Pero, ¿dónde estaba todo aquello? ¿Dónde se escondía?

Después de días de búsqueda, casi todos los jóvenes mapuche volvieron hambrientos sin haber hallado nada comestible. Pero Nguenechén no oía el clamor y las plegarias de su pueblo. O quizá se fingía sordo y su gente se moría.

Solo uno de los enviados consiguió algo. Cuando volvía sin haber logrado buenos resultados, lo interpeló durante el trayecto un anciano desconocido, ansioso de saber qué buscaba en esas montañas pobres, arenosas y áridas. El joven le confió su pena y la de sus hermanos hambrientos de la comunidad y el viejo replicó, con extrañeza:

—¿No son suficientemente buenos para ustedes los nguilliu (piñones)? Caen de los árboles cuando están maduros y basta una de sus cápsulas para nutrir a toda una familia. Hay que hervirlos hasta que se ablanden, hervirlos con mucha agua o tostarlos sobre el fuego. Y hay que enterrarlos en el invierno para preservarlos de la helada.

Después de estos buenos consejos, el viejo se fue.

El joven llenó un manto de las cápsulas de las semillas más grandes que encontró y se las llevó al más anciano de la comunidad, junto con el mensaje que le había dado el hombre desconocido.

El anciano y el joven llamaron a toda la gente y le narraron lo ocurrido. Entonces, los más prudentes dijeron:

—Quien enseñó eso solo puede ser nuestro padre que bajó para ayudarnos. Seguiremos sus indicaciones, no despreciemos el regalo que nos permite comer, porque es un alimento que proviene del sagrado árbol.

De inmediato hirvieron aquellas alargadas frutas en agua y otras las tostaron sobre el fuego. Fue un gran festín.

Desde entonces ya no padecieron escasez, porque los innumerables árboles existentes alrededor de los volcanes —y sobre ellos— les ofrecieron muchos regalos de esa clase. En esa época se originaron las fiestas populares, consistentes en un viaje anual del pueblo a las montañas y regiones de los pehuenes, a fin de juntar los víveres preciosos para el invierno, los piñones de color oro oscuro. Los guardan bajo tierra, donde se conservan durante todo el verano frescos y dulces, siendo muchas veces su único alimento. Con los piñones fabrican también la embriagadora bebida llamada *muday*.

El piñón es un fruto rico en minerales, fibra y buena fuente de proteína. Es el único fruto seco que no proviene de plantaciones, sino que se recoge de los bosques. Se suele consumir crudo en ensaladas y pastas, o en rellenos de aves, ya cocinadas. Se utiliza también en repostería, para preparar platos dulces, porque son muy decorativos. Su sabor alcanza una potencia mayor en los productos salados de uso diario, como el pan, las pastas o la harina, que se pueden mezclar con leche. En la actualidad, los piñones ya forman parte habitual de las recetas en Chile y Argentina: más de un centenar de ellas contienen este fruto.

El copihue y las luminarias

En los primeros tiempos de la vida de los mapuches todavía existía un *Huecuve*, que es un espíritu malvado. Habitaba en la parte más alta de las montañas y frecuentemente descendía a los valles para realizar sus fechorías y emborracharse con *muday* —que es una chicha de maíz, cebada o trigo fermentado—, robándole el espíritu a las personas.

Para no extraviarse durante el regreso en la noche, tenía la precaución de colgar de las ramas de los árboles miles de campanitas encendidas, que actuaban como luminosos farolitos. Los conseguía con el fuego que sacaba de las cimas de los volcanes y forjaba en sus talleres. Pero como siempre iba demasiado bebido durante el viaje de retorno, se olvidaba de ellos y los dejaba prendidos en los senderos de las montañas.

Un día, los espíritus protectores, los pillanes, debido al mal que había hecho este *Huecuve*, decidieron expulsarlo de las tierras que habitaba: ya nunca más bajaría para cometer maldades y de esta manera los mapuches quedarían protegidos. Aunque suplicó que le permitieran llevar sus rojas luminarias para alumbrarse en el destierro, no fue aceptada su petición, ya que había hecho demasiado mal a la gente.

Las llamitas, entonces, permanecieron en los bosques y después se convirtieron en las flores rojas del copihue, que todavía están colgando como campanitas en la espesura de la floresta.

Las lágrimas y los copihues

El copihue rojo carece de aroma y su estructura es una campana alargada. Se da en colores rojo, rosado, morado, y también los hay amarillos, salmón y blancos, con borde rojo y jaspeados.

Por su color rojo, que más abunda, y la manera en que se descuelga, lo llaman Largo Suspiro, pregón del dolor mapuche.

Esta flor nació cuando los jóvenes partían a la guerra y pasaban los días, las semanas y los meses sin que volvieran a sus hogares.

En esta espera, las jóvenes mapuche trepaban a los árboles gigantes para alcanzar altura y divisar a los sobrevivientes de la refriega, aunque solo descubrían humo y muerte. Entonces descendían llorando, mojando las hojas, y estas lágrimas se convirtieron en flor de sangre, que florece permanentemente para recordar a quienes luchaban hasta morir.

Cómo nació el copihue blanco

Según el pueblo huilliche, en las cercanías del lago Villarrica vivía hace muchos años una joven junto a su abuelo, porque sus padres habían muerto. En muchas ocasiones, ambos emprendían viaje hacia las montañas más altas buscando pepitas de oro en lugares secretos que solo el abuelo conocía.

Una noche, el hombre tuvo un sueño revelador: en un lugar en la cumbre de una montaña yacía un tesoro mayor que el que habían conocido hasta entonces. Partieron hacia la montaña, a pesar de que nevaba fuertemente. En muchos momentos la muchacha no podía distinguir la silueta de su abuelo. Cuando la nieve se volvió más tupida, ella lo perdió de vista definitivamente. El abuelo la buscó incansable, le gritó, pero no pudo hallarla: la joven había sido tragada por el temporal.

Muchas veces volvió el acongojado abuelo hasta el lugar donde había perdido a su nieta y nunca logró encontrarla. En una de sus búsquedas, una mañana brillante de primavera descubrió que justo en el lugar donde ella desapareció había brotado un arbusto con hermosos copihues blancos, color que nunca habían tenido estas flores. El encantamiento se produjo porque de esta forma los espíritus protectores quisieron recordar para siempre a una joven de tanto infortunio: ella se encarnó en el copihue blanco que conocemos hoy.

A los pocos meses, todas las montañas y los valles se fueron cubriendo de esta flor radiante que embellece la tierra huilliche.

"La flor del copihue sube en tramos bruscos de color, desde el blanco búdico hasta el carmín. Las flores rojas llaman a rebato; las rosadas no alcanzan al sonrojo, y las blancas penden de la rama en manitos infantiles. La popularidad se la arrebata el primero en un triunfo que parece electoral; pero yo me quedo con el vencido, es decir, con el copihue blanco y su pura estrella vegetal. La preferencia torera del rojo es la misma que gana el clavel reventón y la rosa sanguinolenta. La campánula estrecha, más tubo que campana, mima el tacto con una grosura que es la misma de la camelia. El largo suspiro del copihue no se exhala del aire, cae hacia los follajes o hacia la tierra; en vez de erguirse, él se dobla con no sé qué dejadez india, a causa del pecíolo delgadísimo. La lacidad del copihue parece líquida; la enredadera gotea o lagrimea su flor.

Más perseguida que el huemul, la enredadera ya no se haya en la selva inmediata a los poblados ni a las rutas. El buscador tiene que seguirla por los entreveros, pero la encuentra con más seguridad que el dudoso cervatillo chileno."

(Gabriela Mistral, *Recados. Contando a Chile).*

En el sur de Chile, el invierno llega en junio y julio, con sus tormentas de nieve y su frío intenso. Entonces, la gente se reúne alrededor de la hoguera a contar cuentos (*epew*), y come nueces, uvas pasas y frutos del pehuén.

Al probar estos frutos se suele recordar que ya desde los antepasados el pehuén es un árbol sagrado y que se le respeta como amigo y protector.

Hace muchos siglos, cuando los extranjeros no habían llegado a esas tierras, los mapuches eran sus únicos dueños. Vivían en *rukas* hechas de cuero y no siempre permanecían en el mismo lugar todo el año. Para ellos era fácil recoger sus pertenencias y buscar un sitio distinto, más agradable, donde abundara el pasto para los guanacos y hubiera animales que cazar.

Pero en invierno, a pesar de que se abrigaban con las pieles de los zorros y de las nutrias, que sabían curtir, sufrían a causa del frío. Por eso temían la época de la niebla, de la nieve y de las tormentas. Los hombres confeccionaban los abrigos y los zapatos, y las mujeres hilaban la lana de los guanacos y tejían la ropa interior y las medias. Pero toda esta ropa no lograba espantar totalmente el frío, pues las *rukas* eran livianas y el carbón de madera no calentaba lo suficiente.

La leyenda cuenta que en uno de esos duros inviernos, una mujer llamada Nuike se acurrucaba cerca del brasero. El fuego crepitaba, pero sus manos estaban tiesas del frío. Era difícil hilar con los dedos helados. Caía la nieve. Su esposo, Futa-Viedyá, no había regresado de las montañas altas, donde iba a conseguir sal. Generalmente volvía antes de que empezara a nevar, pero este año el invierno había llegado más temprano.

El hijo, el pequeño Viedyá, entró a la *ruka*, sacudió su abrigo y su gorro, que estaban cubiertos de nieve, y dijo:

—Estoy triste: no traigo noticias de mi padre. No pude subir la pendiente, pues es imposible pasar a causa de la nieve.

Nuike se levantó. Ayudó al hijo a quitarse las prendas mojadas y le puso un suave chaleco de lana. Sin las pieles, se notaba que Viedyá era todavía un niño. La madre lo miraba con cariño.

—No sé qué hacer: ¡no tengo a quién mandar en busca de tu padre! —le dijo—. Sé que corre un gran peligro: soñé con él y lo vi acosado por los pumas y la nieve.

—Déjame ir a mí, madre —pidió el niño.

Nuike no quería dejarse convencer, pero al fin cedió. Arregló carne seca y ropa para que se abrigara, y le recomendó que siempre buscara un pehuén como protección.

—El árbol te amparará del frío y de la soledad —le recomendó—. Recuerda que debes volver. No puedo perderlos a ambos, a ti y a tu padre.

Viedyá salió en la madrugada. Las nubes oscurecían el cielo, el sol no se dejaba ver y las montañas apenas se divisaban en la lejanía.

El joven, sin desanimarse, se colocó unas tablitas debajo de las alpargatas para poder andar mejor, y así logró subir las pendientes, buscando el camino que había tomado su padre unas semanas antes.

Era muy difícil orientarse, pues ni el sol ni las estrellas lo podían guiar, y en ninguna parte veía personas ni viviendas. Al parecer, todos se habían encerrado a causa del frío. Al caer la noche se hallaba tan cansado que casi no podía mover los pies, pero recordó lo que sus padres le habían dicho hacía tiempo: "Nunca duermas sobre la nieve, porque jamás volverás a despertar".

Su madre le había recomendado que se resguardara en un pehuén, de modo que debía buscar uno. Encontró un árbol con un tronco fuerte y una copa llena de hojas verdes; amontonó la nieve a su alrededor hasta que casi llegó a las ramas, y se sentó dentro de su albergue, donde los vientos fríos ya no podían alcanzarlo. Comió carne. Los ojos se le cerraban por el agotamiento, pero el árbol se movía tirándole nieve a la cara para despertarlo. Al llegar la madrugada sintió que había recuperado sus energías con el descanso.

Le agradeció al árbol su protección, le colgó el gorro en las ramas en muestra de gratitud y siguió su camino. Al llegar nuevamente la noche no pudo encontrar otro pehuén para guarecerse. Sin embargo, de pronto olió humo y divisó una hoguera, alrededor de la cual descansaban los guerreros de un pueblo para él desconocido. Los hombres lo dejaron acercarse al fuego, pues venía solo y él les ofreció compartir su carne. Después se acostó al lado de la hoguera y se durmió enseguida. Tenía el cansancio de dos días de camino y no había dormido la noche anterior.

Pero aquellos que lo habían recibido con aparente amistad no eran buenos. Le quitaron la comida, le robaron los abrigos de piel, le amarraron las manos y los pies, y lo abandonaron al lado de la hoguera, que ya se estaba apagando. Solo le dejaron su ropa interior de lana.

Viedyá despertó muerto de frío. Estaba tieso, temblaba y casi no podía moverse. Estaba solo en la nieve. Se puso a sollozar y a llamar a su madre, pero Nuike no podía oírlo ni sabía del peligro en que se encontraba su hijo. En ese momento, Viedyá no pretendía ser un hombre grande y valiente. Era un niño que no sabía qué hacer y tenía miedo.

Entonces, su mirada se fijó en un pehuén que se encontraba a poca distancia de él, y en su soledad y su desamparo le rogó al árbol que le ayudara. El árbol entendió su súplica. Sacudió su copa y empezó a sacar sus raíces del suelo sin que se dañaran. ¡El pehuén se movió! Se puso a caminar y se acercó a Viedyá, quien no podía creer lo que estaba viendo. El árbol extendió sus ramas sobre él, formando un enramado protector y así lo ocultó para que no pudieran verlo los animales salvajes, y a la vez lo abrigó del frío. Al sacudirse, sus frutos caían sobre Viedyá. El niño logró soltarse las manos y los pies, y comió los frutos dulces que le calmaron el hambre y la sed. Luego, el árbol lo arrulló con el murmullo de sus hojas.

Mientras tanto, Nuike no lograba calmar su preocupación. No podía dormir ni hilar. El temor por el hijo y el esposo no la dejaba descansar. Cerraba los ojos y las visiones de tragedia y muerte se apoderaban de ella. Soñaba que Futa-Viedyá, su esposo, ya no estaba vivo. La nieve lo cubría, y no volvería jamás: ya estaría habitando el *Alwe Mapu*, el lugar donde van las almas de quienes han muerto. Después veía a su hijo desamparado, también acostado sobre la nieve, aunque todavía vivo.

Nuike no esperó más. Aunque no se acostumbraba que las mujeres salieran solas, no vaciló. Se abrigó, tomó una lanza de su esposo para defenderse, empacó comida y bebida y salió, abriéndose camino a través de la nieve. Jamás dudó de la dirección que debía tomar. Cerraba los ojos y encontraba el sendero a ciegas. El amor por el hijo la guiaba. Cuando vio el gorro de Viedyá colgado del pehuén y descubrió las huellas de unas alpargatas, supo que pertenecían al muchacho, porque eran pequeñas. Siguió adelante y de repente su mirada se fijó en un árbol caído. Se acercó al pehuén, retiró las ramas y descubrió a su hijo que dormía bajo el toldo de las hojas.

La madre lo despertó, y él le contó lo que le había sucedido, y le habló del árbol milagroso que lo había salvado.

Nuike se arrodilló ante el pehuén y le dio las gracias por lo que había hecho por su hijo. Después, ambos alzaron el árbol y lo llevaron al lugar del cual había sacado sus raíces el día anterior, pues creían que deseaba seguir viviendo allí.

Cuando emprendieron el camino de regreso y echaron una mirada atrás para despedirse del árbol, vieron que este los seguía y los acompañaba, dándoles protección y abrigo durante todo el camino.

El pehuén se quedó con ellos cuando finalmente llegaron a la *ruka*. Viedyá excavó el suelo, trajo tierra negra del bosque y plantó el árbol con cuidado, derritiendo nieve para mojarle las raíces. El pehuén siguió creciendo, y Viedyá decidió quedarse en ese lugar toda la vida, cultivando la tierra al lado del árbol milagroso.

Todo lo que emprendió en ese lugar le trajo suerte y bienestar.

Aunque Nuike se cortó el pelo, como era costumbre en aquellos tiempos cuando una mujer enviudaba, volvió a gozar de la vida cuando Viedyá encontró con quien casarse y le construyó a la esposa una casa de troncos con techo de paja.

Fue así como el pehuén les enseñó a los mapuches a quedarse viviendo en un solo sitio y a cultivar una tierra que siempre fue generosa.

Desde ahí se convirtieron en Gente de la Tierra.

La araucaria tiene diecinueve especies, distribuidas en el hemisferio sur. En América se encuentran en el sur de Chile y Argentina, Brasil meridional y el Este del Paraguay. Son fósiles vivientes, de la edad Mesozoica. Su historia genética se remonta a 240 millones de años. La *Araucaria araucana,* también conocida como pehuén, piñonero y pino chileno —declarada monumento nacional en 1976— es un árbol siempreverde de hasta 50 metros de altura, de tronco recto y cilíndrico, que a veces alcanza los cinco metros de diámetro. La corteza del tronco es rugosa y muy gruesa, formando placas rectangulares de corcho. La ramificación comienza a varios metros sobre el suelo en los ejemplares más añosos, en verticilos de cinco ramas que se extienden perpendicularmente al tronco. Estas ramas son flexibles y tienen las hojas agrupadas en los extremos. Sus frutos son esos conos grandes y leñosos, de color marrón castaño, que contienen numerosas semillas (entre 120 y 150 por estróbilo), que demoran unos dieciocho meses en madurar después de la fertilización. Al abrirse los conos, dejan caer los piñones.

El *lonko* de una comunidad huilliche —que habitó a los pies del volcán Osorno junto al lago Llanquihue— era un hombre anciano que pasaba sus últimos años dedicado a gozar del hermoso entorno natural donde transcurría su existencia, y del cariño de sus dos hijos varones. A pesar de haber sido criados de la misma manera, los hermanos eran diferentes: Antiñir, el mayor, de espíritu tranquilo, alegre, generoso y sensible, vivía en una constante sorpresa, descubriendo a cada momento un mundo nuevo en todo lo que sus ojos observaban. Trongol, dos años menor, por el contrario, poseía un carácter iracundo, cambiante y muchas veces violento, dedicándose únicamente a la caza, donde se distinguía por su diestro manejo del arco.

El padre los había reunido una mañana para informarles que su muerte estaba cercana, que ya pronto su alma sería transportada hasta el *Wenumapu* por las ballenas o por el balsero encargado de esta tarea. Por ello, les dijo, propondría a Antiñir como jefe: él sería el nuevo *lonko*. Les informó que, de acuerdo a la tradición de ese lof (agrupación de familias que forman una comunidad), era su derecho como autoridad. Les rogó a ambos que se cuidaran mutuamente. Antiñir pidió al anciano que no pensara en esa sucesión, pues aún tenía mucho por vivir. Por su parte, Trongol guardó silencio sobre lo que sintió después de recibir esa noticia.

Ese día, Trongol permaneció toda la tarde en el bosque. Su hermano, preocupado por la ausencia y con la aprobación del padre, salió a buscarlo, no encontrándolo. Trongol retornó de noche, con la luna alta. Así, todos los días siguientes volvió a ausentarse, regresando cada vez más callado y distante.

A Antiñir le gustaba pintar las vasijas de greda hechas por las mujeres de la comunidad. Lo hacía con tierra de color, frutos y raíces hervidas. Un día se sentó a trabajar apoyando su espalda en el tronco de su árbol preferido, desde donde contemplaba toda la anchura del lago. El árbol era un huahuán, también llamado Laurel del Sur o Tepa. Tanto sus frutos, flores y semillas son parecidas a las del laurel, por pertenecer a la misma familia: follaje armoniosamente formado, hojas grandes, verde oscuras, fragantes y de bordes aserrados. Como ya terminaba el mes de agosto, el ramaje se veía en plena florescencia.

El joven admiraba la gran altura del árbol y el tronco claro y liso que no alcanzaba a rodearlo con los brazos. Allí, bajo la copa, dejaba volar la imaginación para plasmarla en geométricas pinturas.

Trongol sabía dónde encontrar a su hermano. Ese día se acercó sigilosamente y se escondió entre las ramas de unos chilcos, observándolo durante unos minutos con una mirada dura y calculadora.

Con lentitud colocó una flecha en el arco, lo levantó y apuntó al pecho del hermano. Su rostro destilaba una abundante transpiración. Con una firme decisión marcada en cada rasgo, soltó la flecha en el instante mismo en que Antiñir inclinaba su cuerpo a un lado para recoger un pichón de gorrión caído de su nido. La flecha pasó rozando el hombro del joven, incrustándose en el tronco del huahuán. Antiñir volvió la cabeza y alcanzó a distinguir la figura de su hermano huyendo entre los matorrales. Se levantó aterrorizado ante la idea de que Trongol hubiera intentado darle muerte. Miró la flecha, intentó sacarla del árbol, pero esta no cedió. Sin recoger los utensilios de pintura, corrió en dirección a la *ruka* del anciano.

—¡Padre, mi hermano trató de matarme!

—¿Tu hermano? ¿Estás seguro, hijo? —preguntó atónito el *lonko*.

—¡Lo vi, padre, lo vi! Estaba yo bajo el huahuán y lanzó una flecha que, si en ese instante no me inclino a coger un pajarito caído del árbol, estaría muerto. ¡Estos ojos vieron cuando él huyó! ¡Venga, acompáñeme a ver su flecha, padre!

Junto a ellos lo hicieron hombres y mujeres enterados de lo sucedido. Al llegar cerca del árbol, descubrieron a Trongol intentando sacar con desesperación la flecha del grueso tronco, quien, sin darse cuenta, era rodeado por sus hermanos de la comunidad.

—¡Quieto! —gritó el anciano ante la intención de huir de Trongol. Este, petrificado, lo escuchó:

—Esa es tu flecha, ¿verdad?

—Sí —contestó Trongol.

—¡Intentaste matar a tu hermano! ¡Qué abominable acción! ¡Eso Nguenechén no lo admite! Ahora comprendo tus actitudes, las ausencias y silencios desde el instante que te informé que dejaría a Antiñir como *lonko* cuando llegue la hora de mi viaje a la otra vida. ¿Por qué has incubado tanta ambición y envidia en tu corazón? ¿Por qué? Aunque seas mi hijo, merecerías morir, desaparecer de nuestras familias. Toma tu arco y márchate lejos, para siempre.

—Perdóname, padre..., perdóname, hermano —respondió Trongol con una voz apenas audible. Dio media vuelta y comenzó a caminar como un sonámbulo.

—¡Espera! —gritó el anciano al observar la flecha clavada en el árbol.

Trongol se detuvo y miró a su padre.

—Esa flecha fabricada para tu hermano contiene tu odio, envidia y malos pensamientos. Todo aquello lo traspasaste a la punta de ese dardo, convirtiéndose en su veneno. Te has liberado de esa ponzoña de tu corazón: ese veneno está ahora allí y no hay forma de sacarlo del huahuán. Sin embargo, a pesar de haberte liberado de esa podredumbre, debes irte y comenzar otra vida lejos de aquí. Aborrece el mal pensar y los sentimientos oscuros; solo así tu espíritu estará libre de ellos.

Trongol se alejó con lágrimas en los ojos, perdiéndose hacia la orilla del lago.

Pasaron los años y un día el huahuán no resistió una fuerte tormenta. Las intensas lluvias arrastraron la tierra dejando las raíces al descubierto y los vientos lo hicieron caer como un animal herido. Las familias cortaron el tronco para usarlo como leña, y al hacerlo, descubrieron una veta de color negro atravesada en la mitad del árbol, justamente donde había entrado la flecha de Trongol. Un olor desagradable salía de la madera.

Desde entonces, cada vez que se corta un huahuán, su tronco desprende ese mal olor, proveniente de la envidia contenida en la flecha de Trongol: el joven huilliche se había marchado con el corazón limpio, pero había dejado para siempre el veneno incrustado en la madera para que los descendientes no olvidaran hasta dónde puede alcanzar la envidia de las personas.

Como se explicó en la presentación de este libro, la organización de la sociedad mapuche estuvo basada desde sus inicios en las familias, sin que existiera un rey, un Estado o un líder único del cual dependieran todos los habitantes. Estas familias eran muy amplias y tenían una abundante línea de parentescos, con autonomía territorial, aunque se aliaban con otras para faenas de producción y, después, de defensa del territorio. Cuando existía una comunidad de varias familias, se constituía un lof (o lov) y ahí el *lonko* era la autoridad que lo dirigía. Este *lonko* podía ser nombrado por herencia, experiencia, liderazgo u otros atributos especiales que considerara la comunidad.

Antes, el arbusto espinoso llamado michay tenía flores blancas, hasta que ocurrió algo que lo transformó.

Cuando los extranjeros atravesaron el gran lago para dominar a los mapuches, Nguenechén envió a uno de sus queridos hijos para vigilar y poner a prueba a los invasores, y también para proteger a su pueblo de la ambición de aquellos.

Cierta vez, este enviado pasaba por un bosque de collimamüll —que ahora llaman arrayán—, cuando repentinamente apareció a su lado una víbora. Caminaba erguida, igual que las personas, porque su creador —*Huecuve*—, quería que se asemejara a ellas.

Como surgió de repente y sin ruido, el joven se asustó muchísimo; tanto, que enfureció y tomó una rama de michay que estaba cubierta de flores, pero también de espinas, y le pegó a la víbora diciendo:

—¡Toma y toma, por asustarme!

Así fue como las flores se tiñeron de rojo con la sangre de la víbora y de amarillo con su bilis, colores que mantiene hasta hoy. Al mismo tiempo, el joven le aplastó la cabeza con su pie cubierto con un zapato fabricado con la piel de la pata de un potro. La cabeza quedó achatada, formando un triángulo para siempre.

La víbora odia desde entonces a los caballos y trata de morderlos en los cascos, porque cree que fueron ellos los que la atacaron. Como al mismo tiempo le quebraron el espinazo, ya no puede caminar erguida y tiene que arrastrarse. Además, para mostrar su odio por el doloroso castigo, siempre levanta la cabeza triangular, mostrando al morder su lengua partida por el pisotón.

El arbusto michay tiene, así, las flores rojo-amarillentas y sus frutos son oscuros como la sangre cuajada. La serpiente se enrosca bajo el michay para sorprender y morder a la gente que busca la fruta. Aún hoy muestra en la piel los rastros de las espinas puntiagudas que la hicieron sangrar. Acaso quiere hallar los párpados para sus desnudos ojos, y por eso su mirada siempre trata de encontrar los zapatos causantes de su desdicha.

Muchas leyendas relatan por qué las serpientes (culebras, víboras) se deslizan arrastrándose por el suelo. En una de ellas se cuenta que Nguenechén creó a los mapuches y los dejó desnudos sobre la tierra. Entonces las serpientes, que caminaban erguidas y eran muy orgullosas y hasta soberbias, les dijeron a estas personas que se cubrieran con hojas de nalcas, que es una planta ornamental, para que no tuvieran frío. Así lo hicieron, pero cuando Nguenechén los vio así vestidos y supo que era una idea de las serpientes, sintió que se le había desobedecido: les quitó las patas y las condenó a vivir arrastradas para que de esta manera no se sintieran arrogantes.

Hay una hermosa violeta amarilla (pilun deuwü) que solo crece en la cordillera de los Andes, ya que es protegida por la sagrada araucaria. Generalmente se encuentra al pie de esta, donde entierra sus raicillas en las gruesas raíces del árbol, que tienen el grosor de un brazo y suelen encontrarse descubiertas. La violeta amarilla cubre con el tono dorado de sus hojas los pies de la araucaria. Estas raíces sostenedoras del árbol, increíblemente deformes, que se agarran al mezquino suelo de piedra, protegen a la dorada violeta amarilla.

La leyenda de cómo nació esta violeta es la siguiente. Existió en algún tiempo un gran Pillán —uno de los más grandes entre los grandes— que quería construirse una vivienda de oro bajo la tierra. Su deseo era que el suelo de esta especie de palacio subterráneo estuviera también pavimentado de cuadrados de oro. Pero como no tenía suficiente oro, envió a sus súbditos para que lo buscaran por todas las montañas. Pero fracasaron.

Una tarde, este Pillán pasó junto a un gran peñasco flanqueado por una mujer pequeña y por su hermana. Y entonces, el bondadoso peñasco le dijo: "Bajo los pies de mi mujer y bajo de los de mi hermana encontrarás el oro que necesitas".

Se alegró el Pillán de esta revelación y le prometió un regalo a él y a los suyos. Encontró el oro prometido y en cantidad tan grande como para construir su casa. Puso mucho esmero en hacer el piso dividido en cuadrados de oro y las placas se veían magníficas. Así nació bajo tierra este lugar encantado y maravilloso que solo pueden visitar los espíritus más importantes.

Cuando todo estuvo terminado, el Pillán dijo: "Le regalaré algo mejor que el oro al dadivoso peñasco para su pequeña esposa y su pequeña hermana".

Entonces, el Pillán produjo una planta de hojas verdes que parecen orejitas de ratón, y les agregó las hermosas florcitas de oro. Las llamó pilun deuwü y ellas iluminan desde entonces la gran base donde crece la araucaria. Después la hizo extenderse por toda la cordillera. A ellas les gusta soportar el invierno allí, enriqueciendo el gran mundo de la naturaleza mapuche.

Son muchas las culturas que en sus leyendas se refieren a pueblos o ciudades maravillosas que existen bajo la tierra, el mar o los lagos. Según cuentan, nada más que algunas personas privilegiadas han podido estar en esos lugares que resplandecen de lujo y abundancia. Quizá el caso más popular sea la Ciudad de los Césares, ubicada en la cordillera de los Andes, que resplandece de oro y plata, y donde no existen las piedras, sino únicamente los rubíes y diamantes. Quienes viven en esta ciudad son inmortales y disfrutan permanentemente de todo lo que allí hay. Los que logran entrar, olvidan su vida pasada. Desde el extremo norte al extremo sur de Chile existen muchas de estas ciudades legendarias.

Cuando ya había pasado el diluvio y finalizado la lucha entre las dos grandes serpientes enemigas, la gente comenzó a olvidar sus estragos y renacer a una nueva vida. Como primera medida decidieron separarse de los animales, con quienes antes habían convivido.

Sin embargo, en esta nueva época el sol no les daba el calor suficiente para protegerse de la humedad que persistía. Tuvieron mucho frío y a veces el aire helado de la noche los hacía dormirse para siempre. El gran Nguenechén, el espíritu en el Cielo, dijo entonces, lleno de conmiseración: "Tengo mucho que hacer por estas personas. Les daré el fuego, pero solo a ellos, no a los animales, porque se han vuelto irresponsables y hasta agresivos".

Así, pues, para hacer el fuego se dirigió a la última gruta en la que había trabajado. Cuando hubo terminado, no tenía envase donde guardarlo y le dijo al armadillo (quirquincho):

—Préstame la copa acorazada de tu espalda. Hice fuego para las personas, pero no tengo un recipiente donde dejarlo. Tú podrás llevárselo, porque lo están esperando.

El quirquincho entregó su coraza. En aquel entonces estos animales aún tenían pelo tupido en su vientre, pero el fuego lo quemó e hizo arder en tal forma la coraza lisa, que reventó en muchos trocitos cuadrados, tal como aún se puede ver hoy día. También se observa que su vientre está chamuscado. Los pocos pelos, finos como cabello humano, son de color amarillento.

Apenas la coraza estuvo llena de brasas, el rápido y engañoso zorro la vio y de inmediato se abalanzó sobre ella, la agarró y se escapó corriendo: quería que únicamente los zorros tuvieran fuego. Por ello, aún hoy día su piel es roja y sus patas son descoloridas y delgadas. Con gran premura, hombres y mujeres salieron tras el zorro para cazarlo y tener finalmente el anhelado fuego. El agua, las piedras, las plantas y los árboles quisieron ayudarles. De nada sirvió: el ladrón era extraordinariamente ágil y corría más veloz que los caballos.

En un momento, la vigorosa planta llamada zarzaparrilla pudo atrapar el fuego. Sin embargo, el zorro logró recuperar la preciada coraza con fuego y consiguió escapar. Desde entonces, las bayas de la zarzaparrilla son negras y tienen sabor a humo del fuego hecho con leña. Después, el gato montés también estuvo a punto de obtener el fuego, pero una chispa le chamuscó la piel, de modo que hoy es jaspeado. Tampoco pudo atrapar al zorro. Los animales pequeños todavía eran fieles a las personas, a quienes obedecían y querían ayudar según sus fuerzas se lo permitieran, aun cuando no podían competir contra el veloz zorro que corría incansable.

Por último, sin embargo, el molle, el árbol del incienso, detuvo al ladrón, que tropezó con las raíces que aquel había estirado intencionalmente. Rápidamente cogió el fuego y se lo regaló a la gente.

Desde ese día, el molle tiene un corazón verdadero y puede llorar: gruesas gotas se escurren por su corteza y los mapuches las mastican ávidamente para mantener la dentadura sana y purificado el aliento.

Más adelante, el árbol del incienso recibió un regalo especial: mientras que la corteza es de color café como su maravillosa madera, el corazón es amarillo como el sol o el oro. Además, tiene puntos marrones que se parecen al rostro de las personas: la cacería del fuego había conmovido tan profundamente el corazón del árbol que sus caras se le grabaron.

Por añadidura se le concedió otro don: se convirtió en un árbol que sana. Al hervir su madera, produce baños de efecto milagroso que curan los dolores a los huesos, la fiebre reumática y los malestares hepáticos. Además, su resina sirve como incienso y su madera arde tres veces más tiempo que otras leñas. Sus frutos, e incluso la madera que se encuentra bajo la tierra y las raíces, son de un color rojo intenso que hace recordar el fuego que este árbol conquistó para la gente: se recolecta y aprecia con gratitud.

Pero el don más predilecto que obtuvo el árbol es que sus hojas, parecidas a las del laurel, ya no caen en otoño, sino que son eternamente verdes y se les llama siemprebellas. Esta es una distinción que el árbol recibió como regalo y recompensa por haber salvado el fuego para los seres humanos.

La medicina mapuche es ancestral y corresponde a la categoría de herbolaria, es decir, está basada en las propiedades curativas de las plantas, árboles, hierbas, flores y raíces. Por ejemplo, la **menta** es usada para alivio de trastornos estomacales; las hojas secas y molidas del **boldo** sirven para los romadizos crónicos; la infusión de la corteza del **quillay** se utiliza para afecciones crónicas de la piel; el **palqui** baja la fiebre y atenúa el dolor de muelas; el **poleo** es usado como alivio estomacal, del aparato digestivo y es antiasmático; los tallos y hojas del **bailahuén** son efectivos para combatir los malestares en el estómago; las hojas, corteza y flores del **laurel** alivian los síntomas del resfrío y dolores de cabeza; la infusión de **manzanilla** es relajante y antiinflamatoria. El **maqui**, es considerado símbolo de intención pacífica y benévola y sus principios activos (alcaloides y taninos) le confieren propiedades antiinflamatorias, antiespasmódicas, astringentes y analgésicas. Actualmente se ha extendido el uso de medicamentos basados en esta medicina para tratar síntomas y enfermedades, incluyendo a la cosmética, promoviendo el uso de cremas y aceites a través de una cadena de farmacias mapuche.

Amores míticos y legendarios

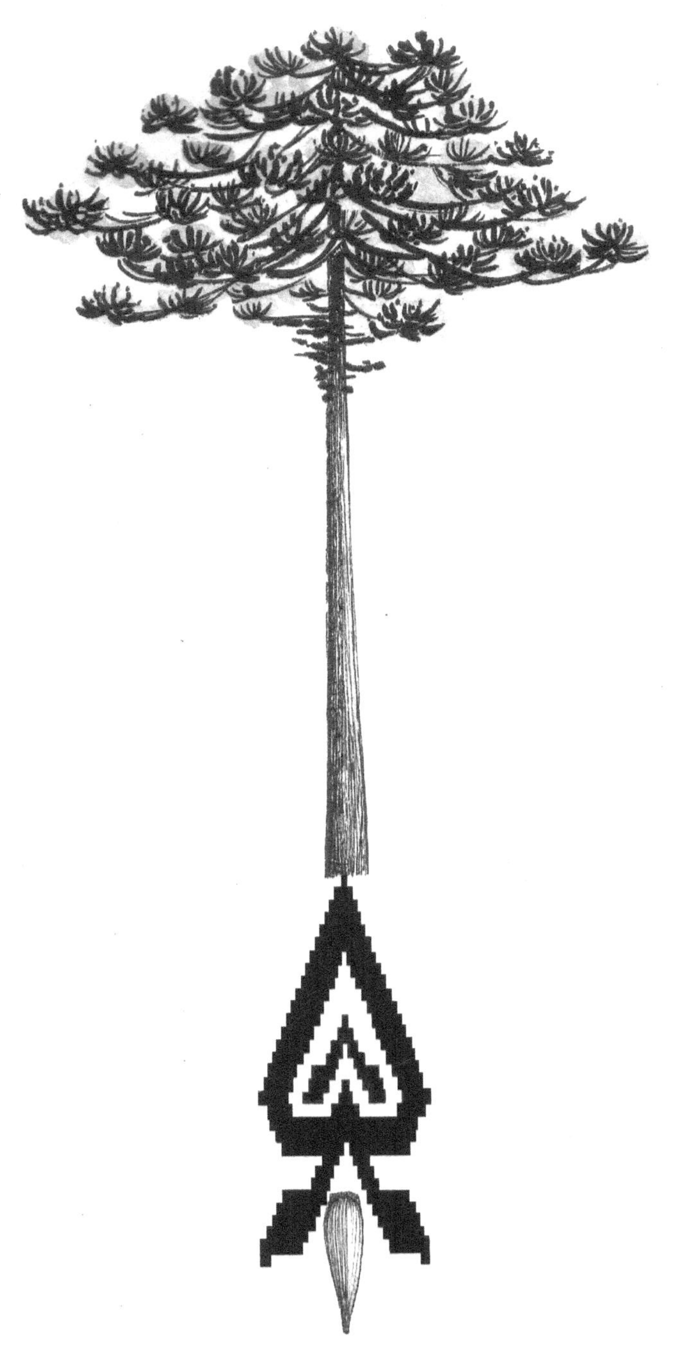

La leyenda del cerro Orolonko

Orolonko viene de las voces picunches ocori (gavilán) y *lonko* (cabeza, jefe picunche o mapuche). Orolonko es, entonces, Cabeza de Gavilán.

Su nombre se debe a una leyenda ancestral, donde Orolonko, una joven mapuche, hija de un jefe regional, se enamoró de un soldado español, Rodrigo Fernández y Araujo. Con este amor, Orolonko desafió a los espíritus, a su estirpe y a su pueblo.

En las faldas del cerro se reunían la enamorada con su amado y, junto al cerro, Rodrigo le juró volver, cuando se despidió de ella para ir a pelear contra el indómito pueblo mapuche. Muchas lunas lo esperó la joven, pero un día una *machi* le dijo que había muerto en el campo de batalla.

—Es el castigo de los dioses por traicionar a tu pueblo y unirte a aquellos que no nos quieren —le dijo la *machi*.

Orolonko sintió morir su corazón. Entonces, la triste muchacha picunche subió hasta la cumbre del cerro donde antes se juntaban a llorar la muerte de Rodrigo y a esperar que los espíritus la llevaran junto a él.

Nunca más bajó del cerro y sus lágrimas fueron tan abundantes que formaron una gran vertiente que aún existe ahí. Este río está hecho de las lágrimas de Orolonko que todavía llora su castigo y la partida de su amado.

Esta leyenda, como varias otras contenidas en este libro, continúan con una larga tradición en la historia de la literatura: el imposible encuentro de dos jóvenes enamorados, debido a que los padres o las comunidades de ambos son enemigos o, al menos, están en conflicto. Probablemente el relato más antiguo sea el de los babilonios Príamo y Tisbe, quienes se amaban a pesar de la estricta prohibición de sus respectivas familias. En este tema, quizá la pareja más famosa de todos los tiempos sea la de Romeo y Julieta. En el caso de las leyendas mapuches, estos amores frustrados siempre dejan alguna huella en la naturaleza, como un lago, un cerro o una flor.

A la orilla norte del volcán Calafquén vivía un hombre que tenía una hija llamada Lican Ray (Piedra Florecida), orgullo de la comunidad por su belleza. Cuando cumplió quince años ya tenía muchos pretendientes. Pero su padre los rechazaba a todos, ya que encontraba muy pobre la dote que ofrecían por ella.

En esa época bajaban los españoles por el río en busca de plata y oro y, para defenderse, construían fuertes cerca de las excavaciones. Lican Ray acostumbraba a bañarse todas las mañanas en el lago cercano a su *ruka*. Un día la sorprendió un capitán español cuando ella salía de las aguas: para él, la joven semejaba a una aparición, brillante y coloreada con los primeros rayos del sol.

El español se acercó a la orilla y la muchacha, asustada, quiso huir, pero él le hizo comprender —con las pocas palabras en mapudungun que sabía— que no intentaba hacerle daño alguno, sino que había llegado ahí atraído por la belleza del paisaje. Para entenderse mejor, trataron mutuamente de enseñarse sus respectivos idiomas y poco a poco lo fueron aprendiendo con el correr de los días. Siguieron viéndose todas las mañanas, hasta que se dieron cuenta de que estaban enamorados.

Mientras tanto, el padre de la joven, ignorante de este idilio, había recibido de un *lonko* la promesa de una gran dote por su hija, y decidió casarla con él. Un día le comunicó a Lican Ray que el matrimonio se efectuaría la próxima luna llena.

La muchacha fue a reunirse con su enamorado y le contó lo que estaba a punto de ocurrirle. Él le prometió que esa noche huirían, aunque Lican Ray le advirtió que si eran descubiertos, les esperaba una horrible muerte a los dos. Pero el amor era más fuerte que el temor a morir y decidieron escapar juntos. A orillas del lago se juntaron al anochecer, y en una canoa llegaron a una de las islas que parecía engalanada especialmente para ellos. Los canelos brillaban como plata a la luz de la luna y sus flores blancas se balanceaban tenuemente.

Al fondo, el volcán lanzaba fogonazos que iluminaban por segundos todo el contorno.

Los enamorados estuvieron dos días sin encender fuego para no ser descubiertos, hasta que, por el intenso frío, al tercer día prendieron una pequeña fogata. Sabiendo lo que había ocurrido, los familiares de ella los habían buscado por los bosques vecinos, sin resultados. Cuando vieron el humo en la isla, decidieron ir hasta allá. Pero la pareja, temiendo ser descubierta, ya se había ido a otra de las islas del lago y así recorrieron las siete islas del Calafquén.

La leyenda dice que desaparecieron por el río y siguiendo su curso, llegaron al mar, no pudiendo ser nunca atrapados.

Actualmente, en las noches de luna llena sus descendientes mapuche aseguran ver a lo lejos a esta pareja de enamorados que huye en una canoa y surca las aguas del lago y los ríos cercanos. Y en homenaje y recuerdo de la joven, hoy un hermoso pueblo a orillas del lago lleva su nombre.

A pesar de los siglos transcurridos desde la llegada de los españoles a Chile y su proceso de intercambio cultural, aún hay algunas costumbres relativas al matrimonio mapuche que se mantienen en ciertas comunidades, sobre todo en la Novena región. Por ejemplo, existe un pacto: la familia de la novia llega a un acuerdo con el pretendiente para recibir una compensación económica por entregar a su hija, la dote. La tradición dice que la pareja debía vivir en la comunidad de su marido. Luego del acuerdo entre el novio y la familia de su pareja, se procede al "rapto", un rito conocido como el Weñe Zomón. Allí, el varón reúne a sus amigos y familiares más jóvenes, y van al hogar de la muchacha. Los parientes de ella ya están al tanto del acuerdo y esperan la llegada de los "secuestradores". Al arribo de estos, la futura esposa se encuentra acompañada de un grupo de mujeres que, con golpes y gritos, tratan de "impedir", sin resultados, obviamente, ya que se trata de una especie de representación teatral, de un espectáculo (muy antiguamente no lo era). Originalmente, la poligamia es admitida en esta cultura, aunque en la actualidad, debido a la influencia occidental, casi no existe.

El pehuén es muy alto porque se enamoró de la Luna

En un principio de todo, hace tantos, tantos años, habitaba en la zona de Cautín, cerca del volcán Llaima, una joven mujer mapuche alta, de cabellera negra, que vivía de la agricultura. Su nombre era Araucanía. Era jefa de su comunidad: solucionaba muchos problemas de su gente, trabajaba, cuidaba con mucho esmero los copihues, en especial los rojos, que ella decía que eran el corazón dejado por los antepasados mapuche en los antiguos campos de batalla.

Araucanía tuvo un hijo al que llamó Pehuén. Cuando todavía era pequeño, Pehuén miró hacia el cielo y ahí descubrió a la Luna. A medida que Pehuén crecía, la admiraba cada vez más, por su rostro blanco, suave, descolorido y enigmático. Para él, la Luna era una joven hermosa que volaba sobre los montes.

Cada noche que aparecía en la cordillera frente al volcán Llaima, salía Pehuén a contemplarla y pasaba horas y horas frente a ella. Se enamoró y elevaba sus manos para que bajara a conversar con él. Entonces, discretamente la Luna descendía y se posaba sobre la laguna Quepe. Y también se posaba sobre los robustos brazos del joven Pehuén.

La Luna y el joven reían al servirse esa bebida llamada *muday*. La Luna recibía de manos de Pehuén ramos de copihues rojos, que simbolizaban el amor esbelto y soberbio del joven mapuche. La Luna, con su poder, quería que el joven Pehuén llegara al cielo, la alcanzara y vivieran juntos en las alturas. Creía que ello era posible, porque los brazos y las manos de Pehuén eran cada vez más extensos.

Sin embargo, los espíritus mapuches supieron de ese amor: vieron cómo Pehuén subía cada vez más alto y consideraron que aquello no podía ser: ningún humano, de carne y hueso, podía emparejarse con una divinidad. Entonces, convirtieron al joven en un árbol, el pehuén, deteniendo su crecimiento y quedando a la gran altura de 50 metros que hoy ostenta.

Su madre nada pudo hacer por él. Desde esa fecha, es el árbol más alto de la Araucanía y de más esbelta figura que existe. Cada vez que la Luna aparece, lo abraza con su luz pálida, porque aún sigue enamorada del joven Pehuén.

De todas las Araucarias araucanas que en la actualidad se encuentran en Chile y Argentina, las más longevas superan los mil años de existencia. Este árbol alcanza su madurez reproductiva entre los 100 y los 300 años de vida. Se calcula que el 75% de su población estaría en Chile y el 25% en Argentina. Sin embargo, hoy por hoy su distribución se ha visto reducida en 30 mil hectáreas, razón por la cual ha sido declarada en peligro de extinción. Sus principales enemigos son la erosión del suelo y los incendios forestales. En este último caso, dichos incendios han aumentado de manera preocupante, producidos por el cambio climático (básicamente, escasez de agua). También esta especie se ha visto afectada por una enfermedad desconocida, asociada a la presencia de un hongo dañino que seca sus ramas y termina por destruir su madera. Actualmente, el 98% ha sido afectado por esta enfermedad, muriendo el 2% del total.

La flor Amancay nació de un sacrificio

En el margen derecho del río Manso, y hasta su nacimiento en el cerro Tronador, antiguamente vivía una comunidad de mapuches, los vuriloches.

Quintral, hijo de un jefe de la comunidad, era amante del río. Durante las mañanas le gustaba recorrerlo hasta el ahora llamado lago Mascardi, mientras cazaba y pescaba en la orilla. En uno de esos paseos conoció a una humilde y hermosa mujer, Amancay. La joven se enamoró del apuesto Quintral, pero el sentimiento de amor que sentía por él era imposible: ella pertenecía a una familia pobre.

El tiempo fue pasando, hasta que llegó al lugar una epidemia que comenzó a matar a los habitantes de la zona. Quintral cayó gravemente enfermo. Se organizó el rito de sanación llamado *Machitún*, pero fue inútil. La noticia comenzó a circular por todas partes: el joven no podía curarse y su muerte se acercaba. Cuando Amancay se enteró de esto, consultó a una *machi:* quiso saber si podía hacer algo para sanar a Quintral. Ella le confió el secreto para conseguir el remedio: consistía en una infusión preparada con una flor amarilla que crecía en la cumbre helada del cerro Tronador.

Amancay sabía del peligro que significaba ir a buscar el remedio sanador, pero animada por el amor que sentía hacia Quintral, se lanzó a la temeraria empresa y logró su cometido. Cuando estaba descendiendo de la montaña con un ramo de la anhelada flor en sus manos, al pie de una hermosa cascada vio revolotear la figura amenazante de un cóndor, quien le exigió que devolviera la flor, ya que esos eran sus dominios. Amancay se negó. Entonces, el cóndor le propuso que le dejase como pago su corazón. Era tanto el amor de Amancay, que aceptó sin dudarlo. El ave se alejó majestuosamente con el pequeño corazón entre sus garras, emprendiendo vuelo hacia su nido, mientras teñía el camino con las gotas rojas de sangre que caían.

En aquellos lugares regados con la sangre de Amancay, rápidamente floreció una bellísima flor de varios pétalos amarillos teñidos con las gotas rojas que habían sido derramadas por amor. Al mirar hacia la montaña y ver cómo se cubría de esa flor, la *machi* entendió que esta serviría para hacer la infusión que curaría no solo a Quintral, sino a toda la comunidad.

Y así fue: era el remedio que necesitaban para sanarlo.

Entonces llamaron Amancay a la flor, en honor al sacrificio de esa mujer, y su mensaje de amor cubre hoy todos los valles y montañas que existen en torno a muchos de los lagos del sur.

Como en esta, la figura del cóndor andino es protagónica de muchos mitos y leyendas de los pueblos originarios, pues hace siglos habitaba en abundancia en todas las zonas altas del territorio nacional. Sin embargo, ahora se encuentra entre las especies amenazadas y en peligro desde 1970. Las causas naturales de ello se deben a su baja tasa de reproducción, ya que esa especie se reproduce de una manera muy lenta: habitualmente las hembras colocan un huevo cada dos años, aun cuando el cóndor puede llegar a vivir más de 50 años. Otra razón que atenta contra su supervivencia es que algunos ganaderos envenenan la carroña que ellos comerán, porque consideran que estas aves suponen una amenaza para su ganado. A ello se suma la progresiva destrucción de su hábitat, debido a la deforestación y urbanización de los terrenos, haciendo que le sea mucho más difícil encontrar comida y zonas donde refugiarse.

Hace mucho tiempo habitaban en los valles de la cordillera cercanos al volcán Lanín, dos comunidades mapuches que se odiaban. Eran acérrimas enemigas y su relación, irreconciliable. Tanto odio sentían entre ellas, que siempre había motivo para enfrentarse en batallas.

En ese ambiente de guerra permanente sucedió algo increíble: el hijo del *lonko* de una de las comunidades y la hija del otro *lonko*, se enamoraron. Pero, obviamente, no podían encontrarse muy seguido, y si lo hacían debía ser a escondidas, por el odio que existía entre sus padres.

Una noche, la *machi* preparaba la sangre de un animal sacrificado para la ceremonia rogativa del Nguillatún, cuando el silencio se rompió por el agudo graznido de un tiuque. Su grito es señal de mal presagio y la *machi* lo sabía. Entonces miró a su alrededor y vio correr entre los árboles a la querida hija del *lonko* que escapaba con el hijo del enemigo. Era ese el peligroso suceso anunciado por el pájaro.

La *machi* estaba convencida de que la fuga debía ser severamente castigada. Pero antes de comunicárselo al padre, prefirió consultar al Pillán, quien le aconsejó que debía contárselo.

La *machi* corrió apresurada donde el *lonko* y le narró lo sucedido. En ese mismo instante se escuchó nuevamente el grito del tiuque. Furioso, el padre de la joven ordenó la búsqueda y captura de los prófugos. Fueron apresados muy pronto y, ante la presencia de toda la comunidad, fueron juzgados y condenados a muerte. Ellos intentaron explicar su amor, pero no se los escuchó. No participar del odio entre las dos comunidades era un grave delito que exigía un castigo ejemplar. Luego de emitirse la sentencia, el tiuque graznó por tercera vez.

La pareja fue atada a un árbol, entre gritos e insultos. Cientos de lanzas y machetes se abalanzaron contra ellos, dándoles una rápida muerte. A la mañana siguiente, los verdugos del crimen quedaron estupefactos al ver que, en el lugar del sacrificio ya no estaban los cuerpos de los jóvenes: a cambio, habían crecido flores nunca vistas por esos lugares. Eran hermosas, circulares, parecidas a las margaritas, pero con largos pétalos rojos y anaranjados.

—¡Quiñilhue! ¡Quiñilhue! —fue el grito de sorpresa de los primeros que las vieron.

Y con ese nombre se conoce desde entonces a la flor que produce una enredadera que se abraza y trepa por los árboles, como se abrazaba la enamorada pareja cuando fue condenada a muerte. Desde entonces los mapuches —avergonzados y arrepentidos— comenzaron a venerar la flor que los extranjeros llegados a esas tierras bautizaron con el nombre de mutisia.

Al igual que en tantas culturas a través de la historia de la humanidad, para el mundo mapuche la presencia o el trino de algunos pájaros presagia algún acontecimiento, anuncia un suceso que las personas son incapaces de predecir. Así, por ejemplo, el **tiuque** que aparece en esta leyenda previene un mal augurio, una desgracia. El **trucao** adivina la suerte de las personas, su felicidad o infortunio, de acuerdo al tipo de canto que ejecuta. Se considera que si una **golondrina** (pilmaiquén) hace un nido en la casa de alguien, está dando una mala señal para el futuro, porque es un ave que no se arraiga por mucho tiempo. La presencia de una **lechuza** anuncia la muerte de alguien, sobre todo en los lugares donde hay enfermos. Si una persona se encuentra con una **perdiz**, tendrá fortuna si el ave vuela hacia el lado derecho, y desgracias si es hacia el lado izquierdo. El **picaflor** está relacionado con el amor y la fertilidad: algunas mujeres lo toman en sus manos y lo sueltan para así asegurarse de tener muchos hijos.

El origen del nombre de esta laguna ubicada cerca de la ciudad de Concepción se remonta a la época en que llegó al sur de Chile el gobernador García Hurtado de Mendoza, que reemplazó a Pedro de Valdivia.

Venían junto a García algunos jóvenes oficiales con experiencia en la corte española. El más famoso, pero no el único, era Alonso de Ercilla y Zúñiga. Este poeta soldado publicaría después —a partir de 1569—, su extenso poema épico titulado *La araucana*. En ese libro —escrito originalmente en cortezas de árboles y hojas— se relata la primera fase del encuentro bélico entre mapuches y españoles, conocido como La Conquista (que después se extendería al menos por tres siglos).

En su libro, Ercilla se refiere a la heroica vida militar de Galvarino, aun cuando su vida familiar pertenece a la leyenda. Este *toqui* vivía junto a la laguna, en territorio mapuche, pues la ciudad de Concepción se alzaba entonces sobre lo que hoy es Penco. Es posible que Galvarino fuera, en tiempo de paz, un hombre de familia, como sugiere su verdadero nombre, Calhuarëngo, que ensalza las propiedades medicinales del maíz, en contraste con el sentido guerrero de la mayoría de varios nombres mapuche.

Galvarino sentía un gran amor por su hija Llacolén, para quien había concertado un matrimonio con Millantú, el hijo del *lonko* de la comunidad. Siguiendo la costumbre de su pueblo, Llacolén bajaba de madrugada a la laguna a bañarse y trenzarse su larga cabellera.

Hasta entonces la invasión extranjera había sido algo lejano para ella y las mujeres del *mapu* (la Madre Tierra) y solo sentían curiosidad por conocer un caballo capturado por algún joven —antes de la llegada de los españoles los mapuches no conocían a este animal— o la tristeza de saber de un pariente muerto en combate o los grandes festejos por alguna victoria en el campo de batalla.

Su conocimiento del invasor iba a ser totalmente inesperado.

Una mañana, al salir de la laguna, un extraño hombre vestido de metal daba de beber a su cabalgadura. Estaba tan pálido como pudiera estar un hombre enfermo, cansado o triste. Llacolén se acercó al soldado, movida principalmente por lo extraño de la vestimenta y la melancolía reflejada en sus ojos. Se inició allí una primera comunicación entre ambos: al principio por gestos y, después, con algunas palabras que mutuamente se iban enseñando.

Los encuentros temprano en la mañana fueron cada vez más frecuentes. Paulatinamente, este enemigo de su pueblo se fue convirtiendo en su enamorado. Lo mismo le ocurrió al soldado español.

Hubo tristeza en Llacolén el 7 de noviembre de 1557, cuando Galvarino, su padre, llegó a la *ruka* aclamado por sus guerreros, a quienes saludaba alzando los ensangrentados muñones de sus manos cortadas por los soldados enemigos a golpes de hacha. Millantú, el elegido para casarse con Llacolén, estuvo entre los guerreros que lucharon junto a Galvarino y no se despegaron de él en los días siguientes.

Tratando de aclarar sus ideas y sentimientos, la joven Llacolén se dirigió a la laguna un atardecer. Odiaba a todos los españoles, a quienes su pueblo llamaba los winkas, pero por ese joven sentía un sentimiento muy especial. Cuando notó su ausencia, Millantú, obedeciendo a su instinto del peligro, tomó su maza y se encaminó a la laguna. Ahora más que nunca debería brindarle protección a la joven.

En un momento determinado, Llacolén vio acercarse desde el lado del río al joven oficial español. Caminaba lentamente, a pie, con su caballo de tiro. A Llacolén le ardió el rostro. Se lo mojó con agua de la laguna, donde su mano tocó una piedra. ¿Debía alzarla y arrojarla a ese hermoso rostro? ¿O simplemente debería huir de él para siempre? Ya cerca, el capitán desenvainó su espada. "Tal vez lo mejor sería que me matara", pensó instintivamente Llacolén.

Pero entonces vio que en realidad el gesto del español era contra Millantú, que llegaba por el lado opuesto. Lucharon brevemente, aunque de manera violenta. Millantú fue atravesado por la contundente espada del invasor. A su vez, el cráneo del español se partió con el peso de los contendores estrellado contra un peñasco de la ribera.

Ambos habían muerto.

—¿Así es la guerra? —sollozó Llacolén—. ¿La muerte de dos hombres a los que pude haber amado?

Llacolén miró las aguas y ahí se arrojó en busca de consuelo. Cuando su pueblo supo de esta desgracia, bautizó la laguna con su nombre.

El término winka (wingka o huinca) es una denominación genérica para cualquier persona no mapuche: los blancos, los extranjeros, los españoles en este caso. Después, ya en el siglo XIX los winkas fueron los chilenos. Probablemente su nombre se deba originalmente al término puinka, es decir, los incas, que fueron los primeros invasores organizados que conocieron los mapuches. Su presencia, establecida en la zona centro sur, no duró más de cien años, una centuria antes de la llegada de los españoles. Por extensión, esta palabra también significa "ladrón", "bandido" o "persona indeseable". "Ahuincarse", por tanto, es abandonar las costumbres y creencias originarias.

El relato de Neuquén y Limay

Neuquén y Limay eran hijos de *lonkos* y los unía una fuerte amistad. Uno habitaba al norte y el otro al sur de la comunidad. Un día, ambos escucharon una canción muy dulce que provenía de las orillas del lago cercano. Intrigados por la bella voz se dirigieron hasta el lugar y vieron que la melodía era entonada por una muy bella joven mapuche. Su nombre era Raihué.

Conversaron con ella y los encuentros se multiplicaron a medida que pasaban los días. Secretamente, los dos jóvenes se enamoraron de la muchacha. Tanto, que en silencio ambos sintieron que esto podía romper con su amistad de años. Y fue cierto: con el pasar de las semanas el distanciamiento entre Neuquén y Limay fue cada vez mayor. Los padres de ambos notaron este cambio en la amistad de los muchachos, sin saber a qué atribuirlo. Lo consultaron con una *machi*, quien les pidió un par de días para averiguar lo que ocurría, invocando a los espíritus.

Después de ese plazo, la *machi* les explicó la causa de la enemistad que anidaba escondida en el corazón de sus hijos y que nadie podía adivinar.

Ellos, entonces, decidieron que lo correcto sería realizar una prueba, una especie de competencia amistosa para terminar con el conflicto. Le preguntaron entonces a Raihué qué era lo que más desearía tener. Y ella contestó: "Una caracola para escuchar en ella el sonido del mar". Y ahí se pactó el siguiente acuerdo: "El primero que llegue hasta el mar y regrese con el pedido, tendrá como premio el amor de Raihué".

La *machi* consultó con los espíritus superiores para saber cuál era la mejor manera de proceder. Entonces, ellos le dijeron que convertirían a los dos jóvenes en sendos ríos que comenzarían un largo camino hacia el océano.

Después de eso, el tiempo pasaba y nada se sabía de Neuquén y Limay. Poco a poco fue naciendo una duda en el corazón de Raihué: ¿volverían alguna vez los jóvenes, que seguían su camino hacia el mar? Así, la muchacha se fue marchitando de angustia y dolor con estos pensamientos. Al ver pasar los meses sin que sus amados regresaran, se dirigió a la orilla del lago donde los había conocido y extendiendo sus brazos ofreció su vida a Nguenechén, a cambio de la salvación de los jóvenes.

Su petición fue escuchada: la joven se convirtió en un frondoso árbol cuyas raíces fueron penetrando en la húmeda tierra y elevando su tupida copa hacia el cielo.

Cuando Neuquén y Limay se enteraron de lo ocurrido a su amada Raihué por causa de ellos, se olvidaron del rencor que sentían el uno por el otro y se abrazaron estrechamente hasta convertirse en un río único y vigoroso. Ambos se vistieron de luto por su amada, tal como se refleja en la oscuridad de sus aguas.

Su torrente continuó el camino hasta el mar, dando origen al que hoy día llamamos río Negro, ubicado en la actual Región de Los Lagos.

"Poco antes de rayar el día sale la *machi* de su casa y se coloca al pie de su *rewe*. Allí toca su caja (*kultrún*) y canta. Oración oficial, o pillantún, se llaman esas rogativas. Rezan así: «Hoy, pues, me levanté antes del amanecer a hacerte rogativas, porque tenía una visión. Benignamente me escucharás; soy tu *machi* y en el ensueño me has ordenado: 'Antes que aclare, te levantarás'. Con ese motivo, pues, me levanté; voy a presentarte oraciones, padre dios, que en las alturas estás; soy *machi* por mandato tuyo y mis oraciones me las has sugerido tú. Hoy te ofreceré la oración de oficio parada junto a mi lindo *rewe*. Ese es el lugar donde me arrodillo mientras que profiero mis oraciones, y aquí me manifestarás en la visión lo que ha de suceder. Acércate, pues, benévolamente a mi *rewe* y habla conmigo»".

(*Testimonio de un cacique mapuche*, del *lonko* Pascual Coña).

Cuenta la leyenda que en la época de la Colonia, lo que ahora es la zona de Tandil (una ciudad ubicada al este de la provincia de Buenos Aires) fue habitada por diferentes grupos aborígenes. Ahí, el virrey español de turno quería controlar a las altivas comunidades originarias que, con ardua lucha, se resistían a la dominación de los españoles.

Para llevar adelante esta tarea, el virrey hizo fundar hacia el sur de la provincia un fuerte llamado Independencia. Esta práctica era habitual en aquellos tiempos, porque una construcción de esta naturaleza servía de defensa y refugio de las tropas. Una noche, dos de los soldados volvieron de madrugada a este fuerte y contaron maravillados que en la tarde habían visto deambulando por los cerros a una hermosa joven mapuche. Su belleza les había fascinado. Pero cuando quisieron acercarse, ella desapareció en la mitad del bosque. Después de hacer este relato, sus compañeros de armas no les creyeron y lo echaron a la broma.

Sin embargo, la comunidad mapuche de la zona sabía quién era la joven, por cierto. Se llamaba Amaike y era querida y respetada por todos. El caso es que a Amaike no le gustaba que la vieran, quizá por el natural pudor que ella sentía que provocaba su hermosura. Por esto, que cada vez que advertía que alguien la observaba, se ocultaba entre los árboles. Era tan bonita que todos la adoraban como si fuera una diosa o un espíritu sagrado. Nadie quería molestarla y por eso Amaike aparecía ante los demás como una figura misteriosa e inalcanzable.

Un día, un joven fuerte y valiente de su comunidad la descubrió cerca del lago y se enamoró en silencio de ella. Sobre una roca que le servía de mirador, él la observaba calladamente durante horas. Amaike lo sabía, pero se dejaba admirar, aunque no hacía ningún gesto de reconocimiento. Ella también se había enamorado del guerrero. Así, de pie, desde el mirador de la colina, el joven la contemplaba todos los días.

Después de un tiempo, en el fuerte Independencia los dos soldados que habían visto a la muchacha decidieron buscarla y así demostrarles a sus compañeros de armas que realmente existía. Se aventuraron en los cerros y en los bosques hasta encontrarla. Esa noche, sin poder defenderse, Amaike fue capturada y llevada al fuerte. En los siguientes días no se le vio caminando en los cerros. La buscaron en toda la zona y no apareció. Entonces, los miembros de su comunidad tuvieron la certeza de que Amaike había sido prisionera por los españoles y sacrificada ahí.

Pasado un tiempo de esto, su recuerdo fue apagándose lentamente y su existencia fue atribuida solo a las antiguas leyendas. Sin embargo, su enamorado siguió firme, de pie al borde del mirador de la colina, esperando que Amaike regresara.

Para él pasaron los días y las noches. Después los meses y los años. Y el joven seguía esperando. Finalmente, de tanto permanecer inmóvil sobre el peñasco, se fue fundiendo con él hasta que se convirtió también en piedra.

Hoy, cuando se visita la zona de Tandil, si se miran desde lejos los contornos del cerro, se pueden distinguir en su roca principal los rasgos de la figura de este guerrero, quien espera pacientemente a su amada, con la esperanza de volver a verla.

La tradición bautizó el lugar como El Centinela.

En el caso chileno, la ocupación de los territorios mapuche desde la zona de Biobío al sur fue llamada —por el gobierno de José Joaquín Pérez— Pacificación de la Araucanía. Comenzó en 1860 y duró hasta 1883. En cambio, en el caso argentino se le denominó La Conquista del Desierto y se desarrolló entre 1878 y 1885. Allí, el Ejército fue conquistando grandes extensiones de territorio que fueron incorporándose a la nación argentina propiamente tal, relegando a los miembros de los distintos pueblos originarios —sobre todo ranqueles y tehuelches— a reducciones o utilizándolos como mano de obra.

LO QUE CUENTAN LA TIERRA, LAS PIEDRAS Y EL AGUA

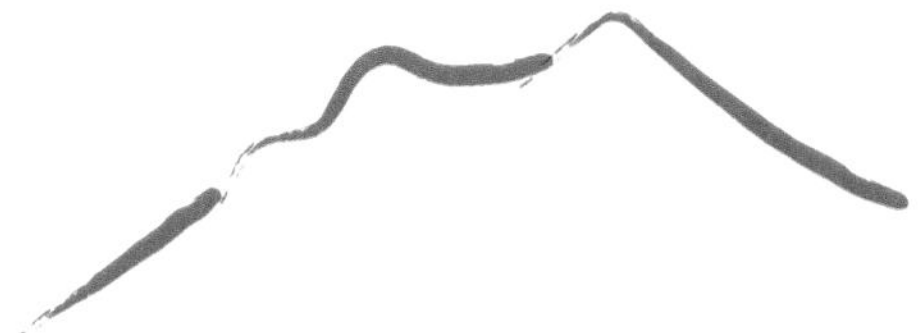

En la primavera del año 1640, una comunidad huilliche que habitaba a orillas del volcán Hueñauca, hoy llamado Osorno, convocó a todos los *lonkos* de las comunidades de hasta 300 leguas a la redonda para participar en la ceremonia rogativa del Nguillatún. Esta era una celebración sagrada que se realizaba cada cuatro años para dar gracias y pedir una buena vida a Nguenechén, padre creador y dueño de todo el universo. Para Ailef (Loma Bonita), hija del *lonko* Kumillanca (Piedra Bonita y Valiosa), era una ocasión de alegría, y desde meses antes se preparaba para este gran momento.

Al *kawuin* llegaron de todas las comunidades: los poyas, los cuncos, los caucau, los puelches, los vuriloches. Faltaban únicamente los mapuches que venían del norte, pero al caer la tarde por fin aparecieron.

El *lonko* mapuche Antilihue venía acompañado de su esposa y de su hijo menor Millaluan. Todos los recibieron con gran alegría. Millaluan, después de refrescarse y beber de las puras aguas del río, se sentó a descansar. Al sentir un ruido de piedras en la orilla descubrió que Ailef, la hija de Kumillanca, lo había seguido.

—¡Qué grande estás, Ailef! —exclamó sonriendo.

—¡Más crecido estás tú, Millaluan! —respondió ella.

—¡Ahora me parece más hermoso este lugar! —comentó Millaluan, mirando alrededor—. Pero esta vez el PirePillán no me parece tan enorme como cuando era niño. ¡Es que cuando eres pequeño, todo parece inmenso!

Entonces Ailef le replicó:

—Al principio no te entendí. ¡Se me olvidaba que ustedes llamaban a nuestro Hueñauca como PirePillán! Cuando era niña no me importaba que cada visitante lo llamara de una manera diferente, pero ahora me confundo con tantos nombres que le da cada una de las comunidades. Por ejemplo, esos que están allí, los poyas, a veces le llaman al volcán Chodhueco y otras veces Chodhuanpire. Los cuncos le dicen Quetrupe o Quetrupillún. Los caucau, le llaman simplemente Pire y, también como ustedes, PirePillán. Los que están bajo esos arrayanes, los puelches, le dicen Paratún, Patahuille o Puhahuén. Los vuriloches le llaman el Cuyuñeto. Incluso los huilliches que viven más al sur le llaman Purahuilla, y otros Purarahue. ¡Tantos nombres para una sola montaña de nieve! ¡Tantos que nos confunde! A veces, ni los mismos adultos saben de qué están hablando. ¡Además, no creo que al espíritu de la montaña eso le agrade!

Millaluan comenzó a reír de lo que había dicho Ailef, quien se enojó y le contestó:

—No me crees. ¡Te has vuelto como todos los demás!

Al llegar la noche, mientras todos compartían y se divertían, Ailef contemplaba el firmamento y de pronto descubrió algo que congeló su rostro. Se acercó al *lonko* y le dijo:

—¡Padre, mire allá! —y le indicó la punta del volcán: un hilo de humo salía de la cima.

—¡Nguenechén, dueño de la tierra y el firmamento! ¡El Hueñauca ha comenzado a vomitar fuego! —exclamó el *lonko*.

Entonces todos comenzaron a gritar y en ese momento un fuerte ruido vino del volcán y luego un temblor remeció toda la tierra. El volcán empezó a botar lava y piedras ardientes que caían sobre la aldea. El terror provocaba estragos entre los habitantes y las visitas.

En ese momento, Millaluan le dijo al padre de Ailef:

—¡Venerado Kumillanca, creo que sé por qué el espíritu del volcán está furioso! Ailef me dijo ayer tarde que el volcán se enojaría si todos lo seguimos llamando de diferentes maneras.

Kumillanca se acercó a su hija y le preguntó si ella creía eso. Ailef le contestó que estaba segura de que el volcán quería que todos le llamaran por un solo nombre y que ese nombre debía ser sagrado.

Así, Kumillanca reunió a todos los *lonkos* y dejó hablar a su hija Ailef:

—Nosotros le llamamos Hueñauca —explicó—, nombrado así por nuestros antepasados. Ellos observaron que casi siempre rodea a la montaña un cielo revuelto, cubierto de nubes rebeldes: de allí la razón de ese nombre. Les propongo continuar llamándola de ese modo. Ustedes deberán aceptarlo, a pesar de que sus lenguas puedan tener diferencias. A algunos seres debemos llamarlos con un solo nombre para que tengamos en lo sagrado una unidad.

Todos estuvieron de acuerdo y al poco rato de que esta decisión fuese tomada, el volcán se fue apaciguando, dándoles tranquilidad a la gente ahí reunida.

Al día siguiente, Ailef, Millaluan y Kumillanca salieron a caminar por las cercanías, descubriendo un gran y hermoso lago escondido entre la vegetación de las cercanías. Millaluan propuso un nombre para él: lago Llanquihue, que significa Lugar Escondido. Contando con la aprobación de Kumillanca, recibió ese nombre que se mantiene hasta hoy.

No así el volcán Hueñauca, que fue bautizado con el nombre de Osorno por el español García Hurtado de Mendoza, en honor a su suegro, el conde Osorno.

Toponimia en mapudungun

Antuco: lugar donde se refleja el agua (antü, sol, y ko, agua).

Calbuco: aguas azules (kalbu, azul, y ko, agua)

Chiloé: isla de gaviotas (chille, gaviota, y hue, lugar o isla).

Llanquihue: lugar escondido (llanqui o lladqui, sumergido, escondido, perdido, y hue, lugar, por la vegetación frondosa existente en la zona).

Maipú: proviene de maipun: valle de tierra cultivada.

Pichilemu: pequeño bosque (pichi, pequeño, y lemu, bosque).

Talca: lugar del trueno; tiene su origen en tralkán, trueno.

Temuco: estero donde hay árboles (temu, árbol, y ko, agua).

Traiguén: proviene de trayén, cascada.

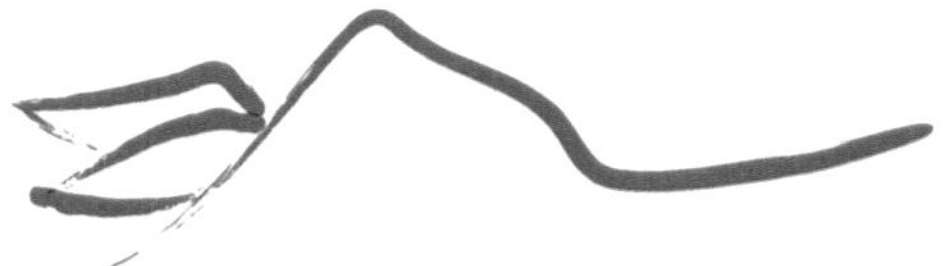

Cuando los pueblos del sur vivían florecientes, reinando a ambos lados de la cordillera, una ciudad portentosa proyectaba su luz y su fama a todos los ámbitos del *mapu*. Su esplendor era tal, que hasta más allá de los mares, gentes de otras razas y colores habían oído hablar de ella como una creación fantástica de los espíritus. Estaba emplazada, se decía, en una pequeña isla del lago Nahuel Huapi, circundada por jardines colgantes y guardada por muros cubiertos de esmeralda.

También oyeron hablar de ella los extranjeros cuando se asomaron a estos lugares. Y ellos, unos tras otros, se lanzaron febrilmente en busca de la ciudad maravillosa que se decía alhajada de oro, plata y pedrerías.

Avisados los jefes de las comunidades de la proximidad de extranjeros, y temerosos de que aquella ciudad mítica fuera ultrajada y saqueada, resolvieron reducirla a cenizas para que no quedara vestigio de ella. Pero uno de los *lonkos* pidió y obtuvo del resto la realización del rito propiciatorio llamado Nguillatún y en él se solicitó un reemplazo de aquella resolución tan terrible y destructora.

Se llevó a cabo para pedir a Nguenechén que hiciera desaparecer la ciudad intacta, sin dejar huellas, hasta que se alejaran los invasores. Y así, en un gran Nguillatún que no tuvo precedentes, todos los habitantes de ambas faldas de la cadena andina pidieron fervientemente el milagro.

Y el milagro se hizo. Al finalizar la primera luna del Nguillatún, la isla donde estaba Nahuel Huapi comenzó a hundirse lentamente en las límpidas y profundas aguas del lago.

Nguenechén, que tanto amó a ese pueblo virtuoso, abrió generosamente el lecho del lago donde se sumergió para siempre la ciudad del embrujo.

Y ahí permanece aún intacta, intangible para quienes tratan de alcanzarla. Reaparecerá, dicen, cuando desaparezcan los codiciosos, ávidos de riquezas. Allí emergerá triunfante, con sus collares maravillosos, sus palacios de oro y plata, y sus jardines encantados de resplandecientes piedras preciosas.

El Nguillatún es el principal rito religioso mapuche en el que participa toda la comunidad y tiene el carácter de rogativa. En general se realiza cada dos o cuatro años, aunque a veces, como en el caso de una sequía, por ejemplo, se lleva a cabo para pedir por la lluvia. Es conducido por una *machi* que se conecta con las divinidades y los antepasados a quienes rinde homenaje, agradece los bienes recibidos y solicita bonanza para los tiempos que vienen. En esta ceremonia, que dura varios días, se canta, se baila y solo se habla en mapudungun. Es un rito solemne que muchas comunidades que ya no viven en sus lugares de origen siguen practicando.

Corría el siglo de las guerras decisivas entre los indígenas de la cordillera. El *toqui* Copahue, tras varias luchas y combates, tenía el dominio de casi todas las comunidades del norte y sur de Chile.

Sin embargo, cuando finalizaban las batallas en los valles del Aconcagua, donde obtuvo su última victoria, una inesperada sublevación derrotó a Copahue en Llai Llai, dándole muerte. Fue sepultado en una cumbre de la cordillera para perpetuar su memoria.

Le sucedió su hijo, del mismo nombre. El nuevo jefe, heredero por igual del espíritu guerrero del padre, buscó refugio a este lado de los Andes para rehacer a sus derrotadas huestes. Allí conoció a una hechicera de la montaña de la que se enamoró. Ella le vaticinó un porvenir lleno de gloria. Y así fue: el nuevo Copahue obtuvo muchos triunfos y sus dominios fueron cada vez más amplios. Cuando ello ocurrió, Copahue fue a buscar a la hechicera para casarse con ella. Sus amigos y consejeros le dijeron que se olvidara de esa idea y que, si lo hacía, sobre él caería la desgracia.

Pero el joven guerrero desestimó estas advertencias y se unió a la mujer. Y ahí, entonces, su gloria se apagó bruscamente. Después de vencer varios disturbios en su dominio, Copahue fue atacado por una legión de grupos enemigos aliados, muriendo en la contienda. Su compañera, a quien sus opositores dieran el nombre de PirePillán, fue acusada de traición y de ser culpable de la derrota y muerte de Copahue.

Fue condenada a muerte. Pero cuando hubo de consumarse el sacrificio, ella, en sus protestas de inocencia, invocó con un grito la ayuda de su amante ya muerto, consiguiendo, aunque tarde para su salvación, que él surgiera en la forma de un agua hirviente que brotaría por todas partes. Y así fue: en su ira, los enfurecidos chorros de agua hirviendo en que se había convertido Copahue sepultaron a los homicidas de PirePillán.

Así nacieron las famosas termas de Copahue que hasta hoy siguen fluyendo y que, a pesar de los siglos transcurridos, continúan recordando la despiadada muerte de PirePillán y su venganza, aunque ahora la gente utiliza las generosas y cálidas aguas con fines medicinales.

Actualmente, las aguas mineromedicinales de Copahue son termales vertientes a orillas del volcán del mismo nombre en la provincia de Neuquén, Argentina. La mayoría de estas aguas surgen con más de 4 ºc mayor a la temperatura media de la tierra de la zona. Esta temperatura puede ser modificada, tanto calentándola como enfriándola. Estas aguas termales, que existen en muchas partes de nuestro territorio, emergen hirviendo directamente desde la tierra, luego de que la molécula de agua se haya enriquecido de minerales como azufre, bicarbonato, hierro y calcio. Los efectos químicos o físicos tienen un efecto demostrado en la salud, ya que las personas que se sumergen en ellas absorben las propiedades de los minerales y de los oligoelementos —componentes esenciales para nuestro cuerpo— a través del contacto directo con nuestra piel, y con nuestras mucosas respiratorias y digestivas.

En las entrañas del volcán Osorno vive prisionero el Pillán

Cuando aún no habían llegado a las tierras del sur los hombres blancos, vivían alrededor de los volcanes Hueñauca (hoy Osorno) y Calbuco varias comunidades huilliches. Entre sus habitantes destacaban la hermosa joven Licarayén y el valiente *toqui* Quitralpi. Ambos se enamoraron y se dispuso que la siguiente primavera celebrarían la ceremonia de unión.

En aquella misma época vivía un antiguo Pillán, PeriPillán, que habitaba el volcán Osorno, aun cuando aquello era contrario a sus deseos, ya que en realidad estaba desterrado y encerrado, como castigo a fechorías anteriores. Cuando PeriPillán supo del amor entre los jóvenes, no pudo resistirlo, ya que en secreto estaba enamorado de la muchacha. Como venganza, decidió interrumpir la felicidad de Licarayén y Quitralpi, lanzando grandes columnas de humo, de azufre, de piedras y fuego, haciendo temblar la tierra. Era tanta su furia que en las noches el cielo se iluminaba con las llamaradas que brotaban del volcán. El resto de las montañas parecía arder y su bramido era incesante.

Los huilliches se reunieron en un parlamento para resolver cómo podrían aplacar el enojo de ese gran Pillán, que estaba perjudicando la vida de la gente. Para ello consultaron con la *machi* más vieja de la comunidad, quien les dio el remedio:

—Para calmar a ese Pillán de la montaña, es necesario que sacrifiquen a la joven más hermosa de las familias de la comunidad. Tienen que arrancarle el corazón y colocarlo en la cumbre del cerro Pichi Juan, tapado con una rama de canelo. Entonces verán que vendrá un pájaro desde el cielo, se comerá el corazón. Después tomará la rama de canelo y, elevando el vuelo, la dejará caer en el cráter del hogar de PirePillán.

El *lonko* hizo averiguaciones para establecer cuál de las jóvenes era la más virtuosa y, muy a pesar de sus deseos, aceptó la decisión de que quien cumplía con estas exigencias era su propia hija Licarayén. Con lágrimas, el padre le comunicó que era la designada para salvarlos de la ira del Pillán.

Sin embargo, ella no se apenó con esta decisión.

—No llores —le dijo a su padre—. Moriré contenta, sabiendo que mi muerte pondrá fin a los dolores de todas nuestras valerosas familias.

Pidió que su lecho de muerte fuera preparado por el *toqui* Quitralpi, y que solo él tocara su corazón, ya que le pertenecía. Al día siguiente, cuando el sol empezaba a aparecer por encima de la cordillera, un gran cortejo acompañó a Licarayén al fondo de la quebrada, donde el *toqui* tenía preparado un suave lecho de flores. Cuando sus hermosos ojos se cerraron para siempre, Quitralpi acercó sus labios a la frente de la doncella, y después, haciendo un enorme esfuerzo para no estallar en llanto, le abrió el pecho, extrajo su corazón y, acogiéndolo entre sus manos, se lo entregó al padre de la muchacha.

El más fornido de los jóvenes fue encargado de llevar el corazón y la rama de canelo a la cima del cerro. Y apenas los había colocado en la roca más alta, apareció en el cielo un enorme cóndor que bajó y de un bocado engulló el corazón. Luego, aferrando la rama de canelo, voló hacia el cráter del Osorno, que en esos momentos arrojaba enormes lenguas de fuego. Rodeó el cóndor la cumbre del volcán y, después de una súbita bajada, dejó caer dentro del cráter la rama sagrada.

En ese mismo instante comenzó a caer sobre la tierra y las montañas una tupida nieve que fue cubriendo el cráter. Y cayó nieve por días, semanas y meses enteros. Fue una verdadera lucha entre el fuego abrasador que subía desde el volcán y la fría nieve que caía desde el cielo. La nieve fundida corrió, formando impetuosos torrentes por las faldas del Hueñauca y del Calbuco, despeñándose y corriendo por los inmensos barrancos que servían de defensa a la morada de PeriPillán, hasta que, llenando las antiguas hondonadas profundas que allí existían, las aguas quedaron al nivel de las tierras cultivadas.

Así se formaron los lagos Llanquihue, Quechocavi (Todos los Santos) y Rupanco.

Y después, por más esfuerzos que hizo el Pillán, nunca pudo liberarse de su prisión dentro del volcán, y hasta ahora no puede salir para desatar su furia sobre los pueblos huilliches.

El canelo que aparece en esta leyenda es un árbol sagrado para el pueblo mapuche y los nombres que recibe en su lengua son foique, foye o voigue. Desde el punto de vista simbólico encarna la benevolencia, la paz y la justicia, y sus ramas y hojas son usadas por la *machi* en las ceremonias rituales. Pero, además, el canelo es una especie con grandes propiedades medicinales: las infusiones elaboradas con su corteza y sus hojas resecas combaten la tos, los desórdenes estomacales, la disentería y los dolores reumáticos. Según las últimas investigaciones, su fruto contiene una gran cantidad de polifenoles, que son poderosos antioxidantes para combatir el colesterol y el exceso de azúcar en la sangre.

La leyenda del cerro Domuyo

Existe en el territorio de Neuquén un cerro llamado Domuyo (Domu: mujer, Yo: punta), donde se distingue claramente el rostro de una mujer petrificada en aristas cortantes. Los descendientes de los mapuches no se arriesgan a escalarlo, y creen que quien se atreva a hacerlo se expone a una muerte segura.

Por boca de Nguenechén, una *machi* supo que en la cima del cerro Domuyo estaba encantada una hermosa joven, y que era custodiada por un *toro* colorado y un caballo negro. El *toro* correspondía a un espíritu tenebroso que hacía despeñar las piedras sobre los que intentaban acercarse, y el caballo desataba el viento y las tormentas para ahuyentar a los intrusos. Hacía mucho tiempo que esta joven había ido en busca de oro, ya que sabía que en la cima había una veta generosa de este valioso metal. Sin embargo, no consiguió su fin, quedando atrapada para siempre por los espíritus de la montaña y condenada a peinar su rubio cabello con un peine de oro.

Enterado de esta revelación, un *toqui* se propuso escalar el cerro, romper el encantamiento y rescatar a la joven. Pero ni bien comenzó a subir las sagradas faldas del Domuyo, una lluvia de piedras sonoras cayó sobre él. Después, otras enormes rocas que formaban los flancos del cerro amenazaron con desplomársele encima. Sin embargo, logró escalar lenta y penosamente el cerro. De pronto vio en la altura un caballo negro: detrás de él arreciaba un fuerte viento y la tempestad. La nieve y las ráfagas heladas le impedían continuar. Entonces, le pidió a Nguenechén que le ayudara. Y así el temporal disminuyó lentamente y las piedras dejaron de caer. Trepó por un sendero y arribó a una laguna de limpias aguas. A sus espaldas escuchó una voz:

—No digas nada y acércate.

Al volverse se encontró con la hermosa joven encantada, sentada sobre una roca de oro con el peine en sus manos. Quiso tomarla del brazo para arrancarla de sus guardianes y deshacer el hechizo, pero en el acto apareció el *toro* colorado dispuesto a embestirlo. Ante tan furioso rival, el *toqui* se alejó del lugar. En su trayecto vio que todos los senderos cercanos a la laguna estaban rodeados de piedras de oro que brillaban con dorados resplandores.

Como era imposible rescatar a la joven, resolvió regresar, pero antes quiso llevar un trozo de oro y alargó la mano para recoger un fragmento. Ni bien lo hizo, una lluvia de piedras cayó sobre su cabeza, aturdiéndole, mientras oía a su alrededor voces que lo maldecían.

Cuando despertó, un anciano estaba a su lado. Le dijo:

—Toma tu camino de regreso y nada malo te ocurrirá. No pretendas recoger algo del oro que aquí existe: no te pertenece. Vuelve con los tuyos. Sin embargo, no puedes contar lo que has visto en la cima de esta montaña. Si revelas el secreto, morirás.

Pero después de llegar a su comunidad y, sintiéndose a salvo con su familia y su gente, no resistió la tentación de relatar su extraordinaria aventura y reveló el secreto del cerro Domuyo. Varios entonces decidieron de manera entusiasta realizar una expedición en busca del preciado oro, llevándolo a él por guía. No pudo ser: el *toqui* se enfermó y murió a los tres días. Antes de que ocurriera, y dándose cuenta de que había cometido un error al divulgar un secreto tan bien guardado, les pidió a los demás que no intentaran alcanzar la cima encantada. Sin embargo, varios de ellos, cegados por la codicia, emprendieron la subida. En los días siguientes todos murieron de las más diversas formas: aplastados por las piedras, congelados por la nieve o ahogados por la lava al caer en el cráter de la montaña.

Cuando la gente del lugar supo de estas desgracias, determinó que el cerro era sagrado y nunca más nadie intentó subir hasta su cumbre.

En los mitos y leyendas de nuestros pueblos originarios, el encantamiento es un fenómeno que se repite con frecuencia. Este designa habitualmente a los seres, objetos o lugares que han transformado su existencia anterior y se han convertido en algo distinto a lo que se considera "natural". "Entre los pehuenches, el estar encantado significa quedarse en un lugar sin poder salir de él. Generalmente es un estado producido por el espíritu dueño del lugar. Así, por ejemplo, se dice que cuando se formó la laguna El Barco, por efectos de un *toro* negro que provocó la inundación de un estero, una niña y sus padres perecieron bajo las aguas, pero quedaron encantados en ella; por eso se ven cosas extrañas en la laguna". (Sonia Montecino, *Mitos de Chile. Enciclopedia de seres, apariciones y encantos*). Uno de los encantamientos más repetido es el de las personas convertidas en piedras (Piedra de Retricura, Piedra Sorteadora, Piedra que Camina, Piedra Santa, Piedra Guanecura, entre otras).

Cuenta la leyenda que hace muchísimos años a orillas de un caudaloso río, después de un incendio de bosques, fue encontrado un niño por un grupo de leuvuches que recorrían la zona. Lo recogieron y lo llevaron donde el *lonko* Pichachen (Hombre Grande) que lo adoptó y le dio por nombre Epecuén. Este *lonko* tenía su territorio en el margen del río Curi Leuvú, a poca distancia de la confluencia del Neyen con el Limay (provincia de Neuquén, en Argentina).

Allí creció Epecuén, distinguiéndose pronto por su destreza en el manejo de la lanza y su gran resistencia para largas marchas. En cierta ocasión, el *toqui* Pichachen invadió con su gente la región de la pampa central habitada por los puelches y llegó victorioso hasta la región del Carahua Mapu. Epecuén, el joven guerrero, hizo prisionera a la hija del *lonko* de la zona, Lonkovuta. La joven se llamaba Tripantú, de la que Epecuén pronto se enamoró. Y fue correspondido por ella, a pesar de que ambas comunidades eran adversarias.

Transcurrieron así una luna entera de felicidad.

Pero al pasar el tiempo, Epecuén se cansó de ella y dio su amor a otras cautivas que fueron objeto de sus preferencias. Entre tanto, el padre de Tripantú, el *toqui* Lonkotuva, había escapado cuando la suerte del combate se presentó adversa para los suyos. Comenzó entonces a reclutar gente entre los grupos amigos.

Al principio, Tripantú dudaba de la infidelidad de Epecuén, pero una noche de luna llena se convenció de ello cuando lo vio con otra joven. Fue tanta su pena que comenzó a llorar sin poder detenerse y con sus lágrimas se fue formando un gran lago salado que ahogó a Epecuén y a las otras cautivas. Cuando el padre de Tripantú regresó con los refuerzos, se encontró que donde antes había un extensa pampa, ahora se veía un lago, a cuyas orillas vagaba melancólicamente su hija.

Un tiempo después, una noche de luna llena, se oyeron voces que parecían salir del lago, algo así como un llamado de amor a Tripantú. Y a la mañana siguiente, ya no la encontraron.

Desde entonces, este lago salado se llamó Epecuén y fue considerado sagrado por todas las comunidades de la zona, sirviendo a la vez de límite entre las tierras ocupadas por los puelches pampas y los ranqueles.

Cuentan los viejos moradores del lugar que en ciertas noches de plenilunio, cuando las aguas tranquilas del lago reflejan la luz de la luna como si fueran un inmenso espejo de plata, se pueden escuchar las voces de Epecuén y Tripantú que rememoran la dicha de sus primeros encuentros.

Efectivamente, el lago Epecuén es salado y habitualmente se le compara con el Mar Muerto, en Asia, ya que el agua que la compone tiene altos niveles de minerales, la que produce efectos curativos en problemas de la piel o enfermedades como la artritis, artrosis y psoriasis. Ello condujo a que se convirtiera en un importante polo turístico, muy visitado, gracias al poder de sanación de sus termas. Sin embargo, en 1985 una inundación provocada por una progresiva crecida del lago sumergió al pueblo completamente bajo el agua, obligando a evacuar a casi toda su población. Nunca más la zona pudo volver a ser habitada. Posteriormente, en los últimos años el agua comenzó a retirarse, dejando a la vista las ruinas de la ciudad, que se han convertido por sí mismas en un atractivo turístico, convocando a antropólogos y fotógrafos de muchas partes del mundo.

Cuando el volcán Lanín se apagó para siempre

Cada montaña tiene su dueño: los pillanes. Su misión es vigilar, desde las alturas, las plantas, los árboles, los animales y los ríos para que nadie los moleste. El Pillán es un espíritu que protege a la naturaleza de los abusos de las personas. Cuando el Pillán se enoja, provoca tormentas, derrumbes y erupciones. Y para tranquilizarlo, en ocasiones se requieren de dolorosos sacrificios.

La comunidad del *lonko* Huanquimil vivía hace mucho tiempo al pie de la ladera norte del volcán Pillañzegüñ (actual Lanín), ubicado en la frontera entre lo que después serían Chile y Argentina. Un día, un grupo de cazadores recorría el bosque persiguiendo los rastros de un huemul. Decididos a encontrarlo, comenzaron a subir la ladera con rumbo a un manantial donde estaban seguros de que el animal iría a saciar su sed.

Al llegar a la cascada, se ocultaron y esperaron. Después de un tiempo, el animal llegó al lugar y se puso a beber el agua transparente. Los muchachos apuntaron sus flechas, pero un ruido espantó al huemul, que huyó rápidamente hacia la cima de la montaña. La persecución continuó, porque los cazadores estaban empecinados en lograr su presa. Subieron hasta la cumbre de la montaña, cada uno por caminos distintos para acorralarla. A veces, el huemul se detenía y luego, asustado, volvía a escaparse, siempre trepando montaña arriba. Finalmente, cuando estaban a mucha altura, lo apresaron.

Después de sacrificarlo, los jóvenes miraron a su alrededor y se dieron cuenta de que nunca habían estado en esa zona tan alta de la montaña. Se inquietaron con este descubrimiento y rápidamente comenzaron a bajar.

Al llegar a la comunidad fueron recibidos victoriosos. Sin embargo, en el momento en que el cuerpo del huemul fue desollado y su carne deshuesada y salada, el volcán empezó a humear y tronar. Ello continuó en la noche, ahora con fuertes temblores de tierra. A partir de ese día, todo fue empeorando: el humo nubló el cielo y no se vio más la luz del sol; la tierra caliente temblaba bajo los pies de los mapuches, una lluvia de cenizas caía sobre los sembrados y pesadas piedras rodaban por la ladera de la montaña.

De nada servían las rogativas a Nguenechén.

El *lonko*, desesperado, le preguntó a la *machi* de mayor edad cómo se podía aplacar la furia del volcán. Ella se retiró a su *ruka* y a los pocos días les explicó cómo podían volver a la normalidad:

—Únicamente una ofrenda tranquilizará al Pillán: pide lo que Huanquimil más ama en este mundo, su hija Huilefun. Debe llevarla a la cumbre el más joven y valiente de los guerreros y entregarla a la montaña.

La *machi* explicó que en caso de que ese sacrificio no se realizara, toda la comunidad moriría a manos del volcán.

Resignado, el *lonko* Huanquimil aceptó la terrible petición.

Ahí, entonces, un joven llamado Quechuán se adelantó y se ofreció a llevarla.

Cuando llegó el momento de partir, todos le agradecieron a Huilefun su sacrificio y la abrazaron. Después, Quechuán y la joven comenzaron a subir la montaña. Escalaron la cuesta del volcán sin decir una palabra. A medida que subían, el calor se hacía insoportable y el aire era cada vez más escaso. Tenían que taparse la cara con una manta para no respirar las cenizas que emanaban desde las alturas.

A mitad del trayecto, Huilefun no pudo más. Entonces, Quechuán la cargó sobre sus hombros. Así llegaron hasta el borde del cráter.

—Ahora puedes volver —le dijo ella al joven.

Pero a él no le resultaba fácil dejarla ahí y retornar junto a su familia, pues se había enamorado de la muchacha.

—No me iré —le dijo—. Me quedaré contigo.

Y se quedaron quietos, abrazados bajo sus mantas.

De pronto vieron que se acercaba un poderoso cóndor que se abalanzó sobre la pareja y de un zarpazo arrancó a Huilefun de los brazos de Quechuán. Aprisionándola con sus garras, la levantó en el aire y la dejó caer en la boca humeante del cráter.

Quechuán nada pudo hacer, porque todo ocurrió muy rápido. Asustado, comenzó a bajar. Mientras lo hacía, la ceniza comenzó a disiparse y un aire húmedo y frío invadió la montaña. Cesaron los temblores y las piedras dejaron de caer.

Comenzó entonces a nevar con fuerza durante muchos días y noches, sin detenerse.

Cuentan los antiguos mapuches que fue la nevada más grande de que se tenga memoria. Duró tantos días, que ya nadie recuerda cuántos. Entonces, la nieve cayó con tal abundancia sobre el cráter, que sepultó para siempre su fuego milenario y nunca más volvió a sentirse una erupción. Ahí, la gente entendió que el sacrificio de la muchacha había sido tan grande, que jamás volvería a sentirse amenazada. A partir de esa época, al Lanín se le considera una montaña sagrada, silenciosa, que oculta a la joven mapuche en el fuego de sus entrañas. Desde entonces, en ese lugar está prohibido cazar huemules.

La geografía del sur del continente ha modelado no solo la vida de sus habitantes originarios, sino también su mundo espiritual y de creencias. Como se ha visto en este libro, dentro de esta topografía destaca la abundancia de volcanes. Entre ellos está el Lanín (Pillañzegüñ, Roca Muerta), que comparten Chile y Argentina. Y aunque se le considera activo, en realidad su última erupción importante ocurrió en el año 540 a.C. De allí proviene la leyenda de que se apagó para siempre. En contraste, el volcán Villarrica (originalmente *Ruka*Pillán, La Casa del Pillán), perteneciente al mismo sistema, es el más activo de Sudamérica. Su actividad comenzó hace unos 650.000 años. Desde que se tienen registros (1558), se han producido al menos 49 violentas erupciones. La última fue el 3 de marzo de 2015.

El lago Lácar y Palovivo

El lago Lácar, ubicado en la provincia de Neuquén, Argentina, se encuentra en un profundo valle. Su nombre en mapudungún parece provenir de las palabras lar ("caído, desechado, desbarrancado") y carcu ("la otra orilla"): Barrancas Desmoronadas.

Según la leyenda, vivía en esos lugares, hace ya muchísimo tiempo, una gran comunidad cuyo *lonko*, llamado Palovivo, tenía un mal comportamiento: no respetaba las tradiciones mapuches recibidas de sus mayores, era cruel y sanguinario, y encerraba a quien le desobedecía. Hombres y mujeres de la comunidad seguían sus malos ejemplos. Por ello, la violencia, las discordias y las malas costumbres se esparcieron por todo el pueblo.

Conociendo esta grave situación, Nguenechén decidió ponerle fin. Para ello le encomendó a uno de sus hijos que fuera hasta esas tierras disfrazado de mendigo. Su misión era pedirle ayuda al *lonko*, y así ver si se ablandaba su corazón. Sin embargo Palovivo, en lugar de darle lo que pedía, se enojó por el hecho de que un extranjero estuviera mendigando en sus dominios. Ordenó que recayera sobre él la pena más dura: empalamiento, es decir, que lo ensartaran en un palo afilado hasta que muriera. Pero cuando los verdugos iban a ejecutar la terrible sentencia, el joven se convirtió en un arroyo y rápidamente se alejó del lugar.

Entonces, Nguenechén tronó desde lo alto su sentencia: "Tus maldades tendrán su castigo". Pero en lugar de arrepentirse ante este vaticinio, el *lonko* se enfureció más aún y desafió al poderoso.

Entonces comenzó a llover de manera copiosa, incesante. El valle se fue inundando paulatinamente. Cuando las *machis* vieron esto, convocaron a la ceremonia rogativa del Nguillatún para pedir perdón a Nguenechén y que cesara la lluvia. El *lonko*, que no creía en esas ceremonias religiosas, se burló de ellas y de las *machis*. Además, destruyó el *rewe*, cortando las ramas del canelo, ese árbol sagrado que preside las ceremonias. Finalmente, bajó la bandera blanca con la que se pedía que cesara la lluvia e izó la negra, que es para rogar que llueva.

Y así fue como la lluvia se transformó en un diluvio, y el pequeño arroyo en que se había convertido el hijo de Nguenechén se transformó en un río y sus aguas arrasaron la aldea. Las *ruka*s, los animales y las personas quedaron sepultadas bajo el lago que ahí se formó.

Por su parte, el malvado *lonko* fue condenado a navegar, montado en un tronco, sobre las aguas del lago por toda la eternidad. Pero hasta hoy sigue tan despiadado como entonces y durante las tormentas que se provocan en el lago destruye cuanto encuentra a su paso: peces, animales o personas. Por eso, cuando las olas se encrespan y los vientos braman en sus costas, todos tienen miedo y se alejan: es la funesta presencia de Palovivo.

Palovivo es un personaje mitológico, un ser humano que por toda la eternidad viaja sin dirección por ríos y lagos, montado en un tronco, como castigo por sus malas acciones. Cuando se enoja, destroza cualquier instalación que esté sobre la orilla. En el extremo sur de Chile, la leyenda dice que Palovivo es un monstruo que navega incesante por las aguas australes y que solo se ha visto cuando es alumbrado por los relámpagos de una tormenta. Y en la zona de Villarrica se asegura que es un tronco de seis metros de largo que por su interior corre sangre. Se esconde en el fondo del río Liucura y ataca a quienes se acercan a sus zonas más profundas.

Hace mucho tiempo existió un camino que conducía a un territorio donde abundaba la llamada sal gema, la lilkochadi. Este es un mineral de sedimento, cristalizado, que se puede formar por la evaporación de agua salada. Es un recurso que entrega la tierra, muy importante para la vida, pues se le usa para la alimentación de las personas y animales. Y esa era la causa de que dos comunidades muy poderosas se enfrentaran en su obtención.

Una tarde, ambas coincidieron en el camino a la sal y sus *toquis* atacaron con los muichiwe, que son los agudos azadones para picar sal, cada cual con la intención de matar a su adversario y luego ser dueño de ese valioso territorio. Ninguno de los dos quería ceder, ya que la sal se había convertido en fuente de constante discordia.

Cuando casi se estaban destrozando a golpes, se oyó un trueno: era un Pillán que había enviado a sus chispas de luz saltarina para alumbrarle el camino. Caería como un rayo desde las altas rocas, como siempre lo hacía cuando estaba muy enojado y se sentía fogoso.

En cuanto el camino estuvo iluminado, el Pillán surgió rápido como un disparo y llegó tan cerca de los combatientes que se cegaron y dejaron de pelear, porque habían visto algo inquietante: ¡el Pillán estaba enojado! Y con razón. Esta batalla era absurda, ya que la sal era tan abundante que alcanzaba para todos. Entonces, con un gran estruendo el Pillán levantó de la tierra una piedra redonda que creció y creció cada vez más, hasta quedar rígida en el aire como un dedo amenazante.

Inmóviles y erguidos como témpanos se quedaron los dos *toquis*. Se miraron y sellaron la paz: sabían que el Pillán había llegado para dar fin a las disputas.

A partir de ese momento decidieron que el territorio del lilkochadi les pertenecería de tal forma que ambas comunidades tendrían asignados sus periodos determinados para excavar la sal, y ninguna impediría la extracción de la otra. Todo esto, porque la piedra amenazante, el dedo del espíritu que vive en el volcán, los había asustado.

En la zona, hasta hoy día se puede ver ese dedo de piedra en señal de advertencia. Los extranjeros lo llaman El Dedo de Dios —al igual como en algunos países europeos—, pero no saben que este pertenece al Pillán, el dios de fuego de las montañas altas.

Aunque históricamente la sal tiene una destacada presencia en la cocina mapuche, también forma parte de su mitología: aparece relacionada con el *Tue Tue,* que es una ave maligna que con su canto anuncia desgracias. Su cabeza no es la de un pájaro, sino de un brujo que propaga enfermedades y muertes. La forma de alejarlo es arrojándole puñados de sal cuando se aproxima. Incluso, muchos que dicen haberlo visto esparcen sal en la entrada de sus casas para evitar que entre el *Tue Tue.*

Dioses y espíritus fantásticos

Para los mapuches cada cosa que existe en la naturaleza tiene su *ngen,* que es su espíritu o su dueño. A este hay que saber respetarlo.

Ocurrió hace muchos años que había un joven mapuche llamado Lancuyén, quien tenía su *ruka* cerca de un estero de donde sacaba agua para beber, cocinar y bañarse. Junto al estero florecía un laurel grande que daba una refrescante sombra en el verano. Eso era de buen augurio, ya que el laurel (triwe) es un árbol sagrado para los huilliche, al cual se le elevan rogativas.

Un día, Lancuyén fue a sacar agua y se levantó tan bruscamente que se golpeó en la cabeza con una rama de laurel. Se enojó mucho, porque el dolor era grande. Entonces fue hasta su *ruka*, tomó un hacha y dijo:

—¡Voy a cortar este laurel y así nunca más me golpearé!

Y así lo hizo: taló primero las ramas y después cortó el tronco en muchos pedazos. Finalmente, extrajo las raíces y acumuló toda la madera para que le sirviera de leña en el invierno.

Sin embargo, lo que Lancuyén nunca consideró fue que en el interior del majestuoso laurel vivía su dueño, su *ngen*. Este quedó muy triste y dolido por esa destrucción absurda y decidió irse de allí, dejando que el estero que estaba junto a él se secara: en pocos días se quedó sin agua. Cuando vio esto, Lancuyén decidió cambiarse de lugar para vivir. Cerca de ahí encontró otra poza donde montar su *ruka*, junto a la cual también crecía un laurel. Pero a los pocos días vio que también la poza se vaciaba.

Y así le siguió ocurriendo el resto del tiempo: cuando encontraba una fuente de agua que le sirviera para vivir, rápidamente el agua se escurría y solo quedaba una hondonada vacía llena de terrones, piedra y arena.

Cuando Lancuyén consultó a una *machi* la razón de su desgracia, esta le dijo que no solamente no había respetado al espíritu y dueño del laurel, sino que además le había destruido su hogar. A partir de ahí, el joven huilliche peregrinó por todas las comunidades hasta donde pudo llegar, diciéndoles a la gente con la que se encontraba que debían honrar y venerar cada parte de la naturaleza que les rodeaba.

A partir de ahí, el pueblo huilliche trata con respeto todo aquello que forma parte de su entorno y le ayuda a vivir, al punto de que piden permiso al *ngen* de cada uno para entrar en el bosque, sacar agua de un río, cortar el trigo, pescar en el mar o hacer un surco en la tierra.

"En el sur de América, los mapuche expresan su relación con la naturaleza como una relación de ekuwün, una relación de respeto. En el idioma castellano, la palabra respeto hace alusión a la consideración por alguien, a una cierta obediencia y a un trato de cuidado. Desde esta definición intentamos comprender la especial relación del mapuche con su tierra, en la que se da un trato de preocupación por los posibles efectos de las acciones humanas, evitando causar algún daño o transgresión a las normas del ekuwün, lo que podría originar la alteración de la armonía entre el cosmos y el ser humano, trayendo consecuencias serias a la vida de las personas. El mapuche ha establecido un vínculo con la tierra que entrega el sustento físico, el alimento, y comprende que lo que se haga a la naturaleza se lo hace a sí mismo. La creencia y espiritualidad mapuche se vive en la conexión profunda con la tierra. Para ellos, el mundo espiritual está siempre presente en la vida cotidiana y este mundo natural es un testimonio del mundo espiritual. Los montes y cerros son lugares donde habitan ciertos seres divinos que se respetan, cuidando las normas, pidiendo permiso a los nguen, o fuerzas protectoras, para entrar en los espacios de la naturaleza"

(María Elena Méndez, "Ekuwün, el respeto por la naturaleza").

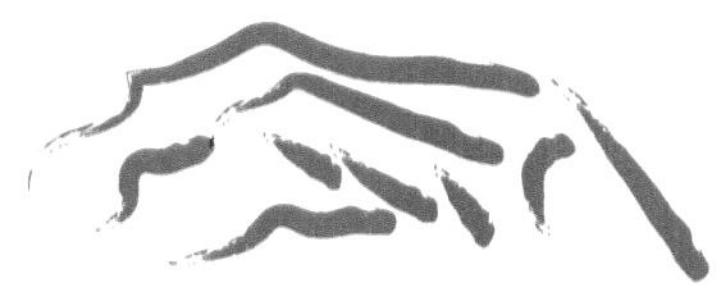

En el pueblo pehuenche existe una leyenda muy difundida. Cuentan que un día un hombre se encontró a otros tres que habían sufrido una fuerte caída desde un cerro. Estaban heridos y no se podían mover. Este hombre los auxilió, les llevó agua y les dio a comer piñones. Cuando se hubieron recuperado, como agradecimiento, los tres invitaron al salvador a su casa.

En realidad, esta casa era una inmensa gruta, con una entrada estrecha, pero que continuaba largamente por el corazón de la montaña, haciéndose cada vez más amplia y acogedora. Todo estaba iluminado. Allí había hombres y mujeres trabajando, hilando la lana, preparando comida y entonando dulces canciones. El invitado también se encontró ahí con personas que él conocía y que ya habían muerto. Pero no se extrañó de esto, porque en este lugar todo era mágico y maravilloso, muy distinto a su vida cotidiana.

Al anochecer lo invitaron a cenar a una mesa colmada de una gran variedad de alimentos: quesos, carnes, mariscos, pan y vegetales, todo acompañado de distintos tipos de vinos, un encuentro al que llamaban *kawin*. La vajilla era de reluciente oro. El hombre disfrutó de la comida y de las animadas conversaciones entre sus anfitriones. Cuando le informaron que lo devolverían al lugar de donde venía, el hombre, disimuladamente, se echó entre sus ropas un cuchillo de oro y un gran trozo de pan, como recuerdo de lo que ahí había visto y disfrutado y así poder demostrárselo al resto de su comunidad.

Cuando hubo salido de la caverna era el amanecer. Se encontró en el mismo lugar donde había ayudado a los tres hombres heridos. Rápidamente recordó lo que había ocultado entre sus ropas, pero al sacarlos solo se encontró con guano de caballo y el cuero de una culebra. Ahí se dio cuenta de que era eso lo que había comido y ese el cuchillo de oro.

Bajó hasta donde sus amigos y su familia, y les contó su extraña experiencia.

—Ahh —le dijo uno de los hombres mayores—. Tú estuviste en un renü, que son las guaridas profundas de las cordilleras donde se esconden los chamanes para hacer sus rituales y trasmitirse sus conocimientos ancestrales. En todo caso, te advierto, nunca podrás volver ahí.

Sin embargo, el hombre estaba confiado en reconocer la entrada de la caverna y regresó a los pies de la montaña. Buscó detrás de las piedras, entre los arbustos, junto a los árboles, subió y bajó las quebradas, pero jamás encontró un acceso que le permitiera el paso hasta el interior de la montaña.

Insistió durante mucho tiempo, recorrió distintos territorios y hasta durmió a los pies del cerro donde había encontrado a los tres hombres heridos.

De nada sirvió: nunca retornó a ese lugar de embrujo y fantasía.

Hay algunos que aseguran haberlo visto hasta hoy, caminando en busca del acceso de aquello que tuvo y nunca volvió a tener.

Los brujos (kalkus) y chamanes están fuertemente ligados a las creencias del imaginario mapuche. En general se trata de seres, o personas, que tienen poderes fuera de lo común para provocarles mal a la gente: causar la muerte y engendrar enfermedades, hacerles perder sus bienes, desformarlos físicamente, por ejemplo. Están muy ligados a la brujería y a la hechicería, y su práctica —cuando se sospechaba que alguien ejercía este oficio perverso ligado a lo demoníaco— era perseguida. Estos seres requieren de un aprendizaje para alcanzar la plenitud de su poderío. Se puede tratar de personas que ocultan su condición de brujos ante la comunidad, o de seres fantásticos que pueden transformarse en animales. Son lo contrario de la *machi,* la persona sanadora. Para los mapuches, el *Huecuve* es el "principio del mal" que muchas veces se encarna en los brujos.

La leyenda del abuelito Huenteao

Huenteao era un joven huilliche que estaba casado y tenía un hijo. Un día, Huenteao fue junto a sus hermanos desde la precordillera de la Costa hasta la caleta de *Pucatrihue* (cerca de la actual ciudad de Osorno) como marero, es decir, la persona que recolecta mariscos, peces y algas en el mar. En este viaje, Huenteao se encontraba muy triste, porque había peleado con su hijo. Entonces empezó a caminar solo por la playa, mientras pensaba y se preguntaba cómo podría ser su vida si tuviera algún poder especial, algo para ayudar a los demás. Sus hermanos lo observaban, preocupados por este comportamiento extraño, silencioso y aislado.

Y así fue que en un tercer viaje que realizaron al mar, Huenteao desapareció en unas de estas caminatas solitarias. Muy inquietos, sus hermanos lo buscaron y al no hallarlo avisaron a la familia de la tragedia. Decidieron hacer una ceremonia del Nguillatún para pedir por él, sin resultados. El hijo, angustiado, siguió buscándolo por mucho tiempo. Al final lo encontró en la playa de *Pucatrihue*. Al verlo, se disculpó por la pelea que habían tenido antes y le rogó que volviera a la casa. Sin embargo, Huenteao se negó, diciendo que se quedaría a vivir en este lugar en el que se encontraba muy bien.

Al año siguiente, al volver el hijo y los hermanos de Huenteao a la playa de *Pucatrihue*, miraron hacia el mar y lo vieron aparecer sobre unas rocas, sentado en una silla de oro. A su lado había una linda mujer con cabellos rubios. Al darse cuenta de que la observaban, la mujer se zambulló en el agua y Huenteao se levantó y se dirigió finalmente a su casa.

Al llegar, Huenteao conversó con su esposa y toda la familia, diciendo:

—Vengo a despedirme de ustedes porque me voy, y ya no me van a ver nunca más.

Luego de esto salió de su casa y se fue. Los hermanos, sorprendidos por lo sucedido y sin entender qué ocurría, fueron donde la *machi* buscando alguna explicación. Mientras tanto, el hijo siguió a su padre, encontrándolo nuevamente en las rocas de la isla de *Pucatrihue*, en una cueva junto a la bella mujer que había visto anteriormente, pero esta vez, como ella le daba la espalda, no podía ver su cara.

Al distinguir a su hijo, Huenteao le dijo a la mujer que preparara algo de comer. A continuación, ella tomó un cántaro de greda y se fue a buscar agua. Como tardaba en regresar, Huenteao y su hijo salieron a buscarla, pero solo encontraron el cántaro a la orilla de la playa. Al hijo le extrañó que su padre no estuviera preocupado y le preguntó si sabía qué le había pasado. Huenteao le respondió que ella había tenido que ir a su casa.

—¿Y dónde queda esa casa? —preguntó el hijo.

—Ella vive adentro, en el mar, ya que ella es una Sumpall, es decir, alguien que es dueño de las aguas, —respondió Huenteao.

Preocupado, el hijo le pidió nuevamente que volviera a la casa, a lo que Huenteao respondió: "Esta es mi nueva casa". Como el joven no pudo convencerlo, debió retornar solo junto a su madre y la familia.

Cuando el hijo estaba comenzando el viaje de vuelta, llegaron los hermanos de Huenteao junto a la *machi*. Al verla, el hijo le contó lo sucedido, a lo que ella respondió:

—Lo que aquí ha pasado es que Huenteao tomó el poder del mar.

Desde ese momento y hasta hoy, Huenteao se convirtió en un héroe encantado que habita en una gran roca —isla y santuario—, en el mar de *Pucatrihue*. Nadie puede destruir esa roca, ya que es un lugar de peregrinación y rogativas.

Ahí estará presente el Abuelito Huenteao por toda la eternidad, reconocido como un espíritu que el pueblo huilliche reconoce como un intermediario protector que ayuda a su pueblo.

Como agradecimiento al sacrificio de quedarse en el mar, la mujer que lo acompañaba le dio el poder de ser el dueño de este para así brindarle a su pueblo bienestar, a través de la entrega generosa de peces y mariscos, de buen clima y de la fuerza espiritual necesaria para soportar las duras condiciones de vida del lugar. Sus aliados son los vientos, las lluvias y los temporales. Con ellos lucha contra las fuerzas malignas y alienta a los huilliches a vencer a sus enemigos.

Hasta hoy, la isla y su roquerío, donde habita Huenteao, son lugares de rogativas y ceremonias donde se le recuerda y rinde homenaje.

147

Al abuelito Huenteao también se le llama Huentreyao, Huentellado y Quiluch. Entre los huilliches se le conoce como un espíritu mediador y ngen tutelar del mar: el océano le pertenece, es su dominio, y todo lo bueno (y en algunos casos lo malo) provienen de él. Se le debe solicitar permiso cuando se obtienen pescados, mariscos u otros productos. Se le venera desde el lago Ranco hasta Chiloé, especialmente en *Pucatrihue*. Para ello se lleva una gran rama de laurel hasta la orilla del mar y se moja entre las olas para obtener el poder divino. Se retorna con la rama a las *ruka*s, donde se le utiliza para rituales que solicitan buen tiempo y cosechas generosas.

Hace cientos de años atrás, en la zona de Toltén vivía un matrimonio mapuche sin hijos. Se sabía que él no trataba muy bien a su esposa, aunque ella no protestaba por esta situación y sufría en silencio. Todos los días, el hombre iba a pescar al mar hasta muy tarde.

En una ocasión, sabiendo Nguenechén que él era una persona de mal comportamiento, decidió castigarlo: en un momento en que estaba muy cerca de la orilla, un fuerte oleaje hizo subir las aguas, lo envolvió y se lo llevó consigo. Una vez que estuvo en las profundidades, Nguenechén decidió convertirlo en pez; así, ya nunca volvería a ser una persona que tuviera una mala conducta.

Cuando el hombre no volvió a aparecer, su esposa supuso que se había ahogado en el mar, aun cuando se resignó rápidamente a la nueva condición, sintiéndose aliviada por no recibir malos tratos. Como era joven y bonita, un amigo de la familia que la conocía desde antes le propuso ser su esposa. Y ella, que lo conocía muy bien, aceptó.

La mañana del día en que se celebraría el matrimonio, ella fue a bañarse al mar, como siempre, una actividad que disfrutaba mucho. Pero su primer marido, convertido ahora en un pez bastante grande, supo de este nuevo matrimonio y fue a ver cómo ella se zambullía en las olas. Se veía muy hermosa y contenta. Esto le dolió mucho a su primer marido y decidió vengarse. Para esto hizo levantar una gran ola que envolvió y arrastró a la mujer. Ella se aferró a una roca y en ese momento el pez se le echó encima. En medio del agua y de la espuma ella trató de huir, aterrorizada, pero fue imposible. A las pocas horas, su novio la encontró desmayada en la playa.

Durante algunas semanas estuvo muy enferma: le dolía todo el cuerpo, tenía fiebre y deliraba. Afortunadamente, fue mejorando con los días y volvió a ser la mujer saludable y rozagante de costumbre. Y también a medida que pasaba el tiempo su cintura se fue engrosando: la pareja estaba muy feliz porque tendrían familia y descendencia.

Sin embargo, lo que ocurrió fue muy extraño: la mujer tuvo a su guagua antes de tiempo. Nació allí una niña hermosa, con su cuerpo bien hecho, pero en lugar de piernas tenía una cola de pescado y el pelo rubio muy largo, como una muchacha. Los padres se desesperaron, no sabían qué hacer: esa hija no podría vivir como una persona normal. Entonces, ella se acordó de ese gran pez que la arrastró por el mar y entendió que era el padre de esa niña. No le dijo nada a su marido.

Pero ellos amaron a su hija como cualquier madre o padre puede hacerlo. Además, les encantaba la hermosura de la niña, su pelo rubio y su canto melodioso. Todos los días la llevaban a la playa, donde ella nadaba y entonaba sus armoniosas canciones que fascinaban a los pescadores de la zona, quienes quedaban prendidos de su voz. Más de alguno le propuso matrimonio, pero ella siempre los rechazó. A veces, en las noches de tormenta, cuando alguna barca volcaba, ella acudía rápidamente para auxiliar a los tripulantes que habían caído al mar.

El pez grande, que era su padre, ya sabía de su existencia y a menudo se acercaba a admirarla y hacerle cariño. Cuando él la tomaba para llevarla mar adentro, ella se negaba porque quería permanecer en el lugar donde había nacido. Sin embargo, un día llegó hasta la playa un gran pájaro que quedó asombrado de la belleza de la muchacha y de su canto. Se enamoró de ella, le propuso matrimonio y ella aceptó. Y así ambos se fueron mar adentro, él por el aire y ella por el agua, a vivir en una pequeña caverna emplazada en una roca en medio del mar.

Tuvieron dos hijos y ambos nacieron con las mismas características de sus padres: un cuerpo de pez y unas aletas pélvicas y otras pectorales que les permitían salir del agua y sobrevolar el aire durante un tiempo. Todos lo que han viajado por mar en el sur de Chile los han visto revoloteando alrededor de los barcos.

El mito de este relato, cuya protagonista es conocida con el nombre de sirena, es muy antiguo y está presente en muchas culturas ancestrales. Se trata de un ser femenino, mitad pez y mitad mujer, que generalmente tiene un significado maléfico: su hermoso canto seduce a los hombres y los hace perecer. Sin embargo, en esta versión se trata de una sirena de rasgos benéficos que incluso salva a los humanos de la muerte. La originalidad de esta leyenda reside en que de su matrimonio con un pájaro surgen esos peces voladores, llamados científicamente exocétidos, unos peces que comprenden cerca de setenta especies agrupadas en siete géneros. El mito de la sirena reaparece en muchos relatos a lo largo de Chile —en el mar, ríos y lagos— y habitualmente se trata de un ser mitad mujer y mitad pez, que desenreda sus largos cabellos rubios con un peine de oro. Es el equivalente femenino al Sumpall.

Canillo, el niño insaciable

Esta leyenda la protagoniza Canillo, un nombre asociado al concepto de *huecufe*, que significa las "fuerzas del desequilibrio", aquellas destructoras, existentes en la naturaleza y principalmente ubicadas hacia el oeste. El espíritu encantado de Canillo se presenta como un enemigo permanente de la tranquilidad del pueblo huilliche.

La leyenda dice que Canillo fue hijo de una mujer que provenía de la zona de volcanes, en tiempos muy antiguos, y que lo abandonó al momento de nacer. El niño fue encontrado por un matrimonio ya mayor que vivía cerca del lago Ranco. Lo recogieron y lo criaron como si fuera su hijo, porque ellos nunca pudieron tener uno propio.

Pero a medida que pasaba el tiempo, el niño no crecía, a pesar de que comía mucho. Por ello le pusieron el nombre de Canillo, que significa "persona que no se llena". Cuando cumplió veinte años, todavía tenía el aspecto de una guagua: solo se sentaba, no caminaba y su única actividad era comer. Era un niño muy sucio y tenían que lavarlo continuamente.

Siempre ocurría que cuando sus padres adoptivos salían a trabajar, dejando a Canillo en la *ruka*, al volver encontraban que había mucho daño en su interior y faltaba casi todo el alimento. Sin embargo, Canillo estaba tranquilo sentado en su rincón, sin ningún daño o herida, ni tampoco sobresalto. Canillo no caminaba y como ellos guardaban la comida fuera del alcance de su hijo, lo más lógico era que otra gente, o un animal, fueran los causantes del desorden y de la desaparición de los alimentos. Esto le preocupaba mucho al matrimonio, porque cada día escaseaba más: Canillo siempre estaba pidiendo más comida y nunca se calmaba su hambre.

Un día llegaron cansados de su trabajo, envolvieron al niño y se acostaron junto a él. Cuando llevaban algún tiempo durmiendo, ella se despertó ligeramente y vio que Canillo se sentaba en la cama y les pasaba la mano a ambos por la cara. A la madre le dio miedo, pero se quedó quieta. Luego observó asombrada cómo Canillo comenzaba a crecer hasta ser un adulto de gran tamaño. Enseguida vio que destapaba la olla que tenían colgada en la *ruka* y se comía todo el guiso que habían preparado para el otro día.

Luego de comer, Canillo abrió el techo de la *ruka* y miró muy concentradamente hacia el cielo. En ese momento, ella aprovechó de despertar a su marido, y bien despacio le dijo que aquel ser era su hijo, y que esto demostraba que ese niño no era alguien bueno. Él le sugirió que se quedaran quietos, haciéndose los dormidos. Luego vieron cómo Canillo volvía a transformarse y quedar como una guagua.

Al otro día los padres lo levantaron, tomaron sus alimentos, le dieron el suyo al niño, le cambiaron de ropa, y se fueron al trabajo. Ahí conversaron sobre qué podían hacer con Canillo, porque evidentemente no podían seguir teniéndolo en su hogar: se trataba de un ser maligno y no de alguien normal. ¿Lo matarían o lo abandonarían en un lugar lejano?

—No podemos matarlo —dijo ella—, pues puede ser peligroso. Lo mejor será botarlo al agua, en el lago de Ranco, para que se ahogue ahí.

Y así fue. Al día siguiente, mientras Canillo dormía, lo llevaron y lo lanzaron al lago. Al principio el pequeño cuerpo se fue a fondo, pero después salió a flote y entonces el niño empezó a nadar y a burlarse de sus padres. Aterrorizados por la escena, fueron donde unos vecinos y les contaron lo sucedido. Al otro día, todos se acercaron al lago y observaron un tronco gigante de pellín atravesado en la mitad. Por este efecto, de pronto el agua se desbordó y comenzó cada vez más rápido a invadir los terrenos, afectando a todo el pueblo. Se preveía una gran inundación que arrasaría con las *rukas*, los sembrados y la gente.

Alarmados por esta posible destrucción, llamaron a las *machis* y ellas llevaron el tronco hacia la orilla, hicieron rogativas, hasta que el tronco se convirtió en un niño. Al verlo, sus padres dijeron que era Canillo y era maligno. Entonces las *machis*, luego de escuchar lo que tenían que opinar los ancianos, decidieron llevarlo donde el abuelito Huenteao, que es un espíritu mediador entre las personas y los dioses. Después de algunas peticiones, lograron dejar preso a Canillo convertido en roca, junto al abuelito, en la bahía de *Pucatrihue*. Pidieron que no saliera nunca más, que se quedara a vivir ahí y no hiciese daño al pueblo huilliche.

Posteriormente, en esta prisión Canillo se casó con una hija del abuelito Huenteao. Se dice que en ciertas ocasiones puede escapar cuando el agua esta calmada, atravesando el mar como un trozo de madera, aunque siempre debe volver a su prisión.

Las fuerzas del equilibrio entre lo bueno y lo malo están muy presentes en el mundo de los huilliches. En este caso, Canillo simboliza el mal, la escasez, la hambruna y la pobreza. Se trata de un espíritu que rompe la igualdad que debe existir entre la creación y la destrucción, entre el nacimiento y la muerte, empujando el mundo hacia lo negativo. Existen varias versiones de esta leyenda, aun cuando siempre se mantiene el hilo central de su argumento: debajo de la apariencia de un niño inocente, se esconde un ser insaciable que amenaza la sobrevivencia material de las personas. Su eliminación —o, al menos, su contención— se consigue solo gracias a los espíritus tutelares de los huilliches.

El Cherruve, la Nube y la Nieve

Los cherruves cruzan el firmamento en forma de una bola de fuego que deja una brillante estela. Caen a veces sobre la tierra y se pueden transformar en piedras: si alguien encuentra una, puede usarla para dañar o matar a un enemigo lanzándola de noche contra él. Pero a veces descienden a la Tierra como un ser humano y viven entre nosotros. Se les reconocen fácilmente por la gran estatura y enorme fuerza.

Un cherruve muy potente se había casado con una nube alba y hermosísima. Como era celoso, la tenía encerrada en una cueva de la montaña, donde ella se aburría terriblemente. Habría deseado escapar, pero no sabía cómo hacerlo. Finalmente se consoló con una hija que tuvo. Por su blancura, el cherruve la llamó Nieves. Desde entonces, la madre la cuidaba y ya no pensaba en huir, pero le habría agradado poder salir de la lúgubre cueva para tomar un poco de aire fresco.

Un día, al alejarse, el cherruve se olvidó de cerrar bien su refugio, quedando un pequeño intersticio abierto, por el que pudo salir la Nube, llevando a la hija en sus brazos.

Entonces el Viento, enemigo declarado del cherruve, se acercó al prado donde ambas se habían posado. La Nube se apresuró a refugiarse en la cueva, pero el Viento era tan rápido que la alcanzó y raptó. Mientras la madre se resistía a seguirle, se le cayó su pequeña hija, de modo que cuando el cherruve regresó, la encontró sola tendida en la pradera. Mirando el cielo, alcanzó a divisar al Viento arrastrando consigo a su mujer.

El cherruve estalló en una gran rabia y golpeó la tierra con sus pesadas pisadas, haciéndola estremecer. Como consecuencia, se abrió en la sierra vecina una gran grieta, de la que comenzó a levantarse humo y a manar una formidable corriente de lava. Quienes vivían en el valle comenzaron a huir hacia la costa para librarse de la furia del cherruve.

Este le ordenó a un pequeño hombre que trabajaba para él que recogiera a Nieves y la encerrara en la cueva y que no le permitiera salir. Como recompensa, se la prometió como esposa para cuando estuviera en edad de casarse.

Desde aquel acontecimiento, la pobre Nieves no vio más la luz del día, pues solo era visitada de vez en cuando por el padre. Y en cuanto al pequeño hombre, aun cuando le parecía extremadamente feo, le tenía mucho cariño, pues la trataba muy bien.

A veces, la Nube, su madre, pasaba por encima de la montaña arrastrada por el Viento. Llena de nostalgia, trataba de divisar a su hijita. Y como la pradera estaba siempre solitaria, comenzaba a llorar, y lloraba tanto que sus lágrimas eran una auténtica lluvia que bajaba por las laderas de los cerros y alimentaba los ríos. Estos, por su parte, crecían y se salían de cauce, inundando los campos vecinos. Cuando esto ocurría, la gente arrancaba.

Esta situación se mantuvo durante varios años. Cada vez que el cherruve veía a la Nube, golpeaba la tierra, gritaba y vomitaba fuego, mientras que en otras ocasiones lloraba la Nube y sus lágrimas inundaban la tierra.

Después de unos años, Nieves ya era grande y todavía era cuidada en la cueva por el pequeño hombre, sin poder salir de ella. Tanto le rogó a él, que finalmente accedió a que se alejara por un breve rato, en la noche, a fin de que no la viera el cherruve.

Y así, Nieves aspiró con gran deleite el aire puro de las alturas y se paseó contenta por las montañas. Se mostró, además, muy obediente y pronto regresó a la cueva. Esta sumisión fue la causa de que el pequeño hombre accediera a su ruego de volver a salir. Lo hizo así en las noches siguientes, y siempre ambos regresaban antes del amanecer, de modo que el cherruve no se enteró de sus escapadas nocturnas.

Una noche el cielo se presentó muy estrellado y Nieves le pidió a su acompañante que cogiera uno de los astros para colocárselo como adorno en su cabello. Este le explicó que era demasiado pequeño para alcanzar al cielo, y que solo lo lograba el cherruve. La joven insistió en su capricho y le rogó que le solicitara al cherruve una estrella para ella, agregando que si no la conseguía, no se casaría con él. Él le prometió hacer lo que fuera posible y regresaron a la cueva.

Su acompañante estaba tan preocupado de lo que le solicitaba la joven, que se olvidó de cerrar bien la puerta de la cueva cuando salió en busca del cherruve.

Amaneció, y por la juntura de la puerta penetró la claridad del día. Nieves, que nunca la había contemplado, quedó tan maravillada que se levantó de inmediato y se dirigió al encuentro de la luz. Por primera vez se admiró de las maravillas del mundo: el cielo azul, la blancura de la cordillera nevada, los bosques de araucarias y coihues, los arroyos con plateadas aguas que bajaban a los verdes valles, los pájaros que trinaban a lo lejos. Ascendió por un desfiladero que conducía a la cumbre y se rodeó de flores que mecía el viento.

Vio brillar una clarísima luz en la cumbre y hacia ella dirigió sus pasos. Se apresuró cada vez más en alcanzarla, de modo que cuando lo logró, estaba fatigada, y se tendió sobre una roca para descansar. Ahí la descubrió su madre, la Nube, y de inmediato se quiso dirigir a ella para cubrirla con su cuerpo y protegerla del Sol, que ya había subido bastante sobre el horizonte. El Viento, sin embargo, la empujó con tanta fuerza que no le fue posible lograr su propósito.

Luego la vio el Sol, que quedó embelesado de la belleza de la joven tendida en la roca. Cambió su rumbo y bajó, para abrazarla y darle un beso. La hermosa Nieves despertó, se puso de pie y quedó deslumbrada al contemplar esa radiante luminosidad. Pero el placer del encuentro fue muy breve, porque la frágil muchacha no pudo resistir tanto calor y se deshizo.

Cuando el cherruve y su ayudante regresaron a la cueva, vieron que Nieves había escapado. Una inmensa rabia se apoderó de él y vomitando fuego y humo buscó en las montañas a su amada hija. Lo siguió su pequeño ayudante. Pronto, ambos se encontraron arriba, en la cumbre y en la cavidad de una roca descubrieron una pequeña y trasparente poza de agua: era lo único que había quedado de Nieves, derretida por el Sol enamorado, pero demasiado abrasador.

El Cherruve tiene varias versiones que dan cuenta de este ser mitológico generalmente caracterizado como un espíritu del fuego que cruza el firmamento y al caer se puede transformar en piedra. Si alguien la recoge, puede arrojarla contra el enemigo, provocándole gran daño. Muchas veces el Cherruve se convierte en ser humano y convive con la gente. Se le reconoce porque es de gran estatura y enorme fuerza. Las rocas donde se sienta se hunden bajo su peso y sus pisadas quedan marcadas en el terreno. Tiene un temperamento iracundo y cuando se enoja vomita fuego y humo por los ojos, la boca y las narices, y golpea la tierra donde pisa. No es muy inteligente, pero su fogosidad le permite imponerse a los demás.

El gigante Pehuencura habitaba en la cordillera, cerca de la zona de Cautín. Vivía al interior de una gran caverna con un fogón siempre encendido, debido al frío de esos parajes. Pehuencura era un gigante bondadoso, aunque algo distraído. Por ello, en uno de sus viajes dejó que la combustión de sus fogatas fuera demasiado fuerte y por mucho tiempo. La caverna se calentó, haciendo hervir los ríos subterráneos y provocando el surgimiento de aguas termales que hasta hoy alcanzan la superficie.

Un día, una muchacha pehuenche llegó cerca de la entrada de la caverna, huyendo de cuatro jóvenes que querían lastimarla. Como gritaba tan fuerte en su desesperación, Pehuencura la acogió en su gruta, protegiéndola. Para asegurarse de que los jóvenes no entraran ahí, colocó una gran piedra en la entrada, algo que solo un ser de su tamaño y su fuerza podía hacer: era la punta del volcán Lonquimay que arrancó con sus poderosas manos. (Desde ese día, a este volcán también se le denomina "Mocho", es decir, truncado, sin punta). Enseguida, el gigante partió en busca de los cuatro acosadores para castigarlos, caminando largas distancias y estableciendo su nuevo hogar en otra zona cordillerana.

De esta manera, el olvido de Pehuencura hizo que la muchacha permaneciera al interior de la caverna sin poder salir. Al poco tiempo, sin alimentos para sobrevivir, murió.

Cuando la comunidad supo del caso de esta malograda niña, convirtió a la piedra en un lugar de devoción y rogativas y la bautizó como la Piedra de Retricura.

La piedra de Retricura, también llamada Piedra Santa, está cercana a Curacautín, y es uno de los lugares más famosos donde históricamente se entregan ofrendas. Es una roca de 15 metros de altura. Allí, los viajeros que subían hacia la cordillera en busca de piñones, o para ir a las pampas de Argentina a visitar a sus parientes, dejaban a los pies de esta piedra dinero, tabaco y alimentos para pedir por una travesía sin sobresaltos. Este lugar está al lado de la localidad de Malacahuello, que en mapudungún significa "corral de caballos": allí pernoctaban los mapuches antes de su cruce por la cordillera. Actualmente, por ahí transcurre la Ruta Internacional que va entre Victoria y Pino Hachado.

Antiguamente, donde está hoy el lago Pirihueico (al sudeste de la actual ciudad de Panguipulli), había otro más pequeño que los mapuches llamaban Pailakó, que quiere decir Lago Dormido. Todos los días se acercaba a sus orillas una joven que tenía su *ruka* muy cerca de ahí. Se llamaba Ailén. Era muy bonita: le gustaba ver su imagen en las aguas al bañarse y se peinaba después. También buscaba mariscos y cangrejos que llevaba a su hogar para cocinar. Ella conocía muy bien aquellas orillas y sabía evitar un terreno pantanoso que estaba cercano, donde habían desaparecido muchos animales.

Un día, cuando la muchacha contemplaba su reflejo en el lago al peinar su pelo, divisó en el agua la cabeza de una persona. Se asustó mucho y retrocedió, pero se tranquilizó cuando vio surgir a un hombre joven, de buen aspecto, aunque de extraña vestimenta, quien ofreció acompañarla hasta su casa. Ailén aceptó. En los días siguientes repitió esta caminata. Después de acompañar a la muchacha, el hombre volvía a sumergirse en el lago.

Al cabo de un tiempo pidió hablar con los padres de la joven. Les dijo que estaba enamorado de ella, que se casarían y que se la llevaría a sus dominios. Los padres de la muchacha no estaban de acuerdo: le suplicaron que no lo hiciera, pero ella dijo que también estaba enamorada del extranjero, el que le parecía hermoso dentro de su vistoso traje hecho de seda. El idioma que hablaba era un poco distinto al de ellos, pero lo entendían.

Los padres se quedaron muy tristes cuando su hija se fue. Al otro día encontraron una gran cantidad de peces y mariscos en la orilla del lago que estaba cerca de la *ruka*. Entendieron que era el regalo que el esposo les hacía después de haberse unido a su hija. La entrega se repitió y este alimento les sirvió durante bastantes meses.

Sin embargo, los desconsolados padres se preguntaban todo el tiempo qué sería de Ailén, dónde viviría y cuándo volvería. Al transcurrir un año de su partida, la muchacha apareció en la *ruka* vestida de manera hermosa y elegante. Sus padres la acosaron a preguntas, pero ella se negó a responderlas todas y únicamente les contó lo siguiente:

—No puedo quedarme mucho tiempo con ustedes porque me espera mi esposo en nuestra gran casa bajo el lago. Allí vivo muy bien, nada me falta. Él me quiere mucho y es un gran líder con las personas que viven con nosotros. No se preocupen por mí: soy muy feliz. Solo los echo de menos a ustedes. Los visitaré todos los años. Ahora debo irme.

Los padres no se resignaban a esa partida. La retuvieron y le suplicaron:

—¡Por favor, quédate! Eres nuestra única familia. Formas parte de nuestra *ruka* y no debes abandonarnos. Ya estamos viejos...

Y cuando la muchacha se esforzó en apartar a sus padres, se escuchó el estallido de un trueno. La tierra tembló. Simultáneamente, el espíritu de un mundo desconocido apareció en la *ruka*, tomó a la muchacha de la cintura y se la llevó. Después de esto, un velo blanco cubrió a los padres. La *ruka* empezó a hundirse poco a poco con ellos dentro. Y esa *ruka* está ahora, y por siempre, en el fondo del lago.

Muchos dicen que cuando el día está claro y las aguas del lago transparentes, se puede distinguir la silueta de los ancianos que a veces son visitados por Ailén en su *ruka* eterna.

El mito del Sumpall —llamado también Shompall, Shimpalwe, Sumpalwe, Shumpalhue, Sompallwe— es uno de los más extendidos del pueblo mapuche y tiene muchas versiones. En general, se refiere a que el Sumpall es un espíritu dueño de las aguas de los lagos, los ríos y el mar. Muchas veces se encarna en un hombre que surge del agua para robarse a unas niñas jóvenes, ya que se siente solo y por eso sale a buscar compañía. Según otros, el Sumpall abunda en las partes donde hay agua, es rubio y bonito, mitad hombre y mitad pez. Cuando se casa con mujeres hermosas, las vuelve espíritus, que son también dueñas del agua. También dona peces a la familia y a la comunidad de su esposa e incluso se le atribuye haber enseñado el arte de la pesca y de la navegación a los mapuches.

El Sumpall en el lago Ruca Choroy

Hubo a las orillas del lago Ruca Choroy, en la provincia de Neuquén (Argentina), una familia compuesta por dos jóvenes y su abuela. Todas las mañanas, las muchachas acostumbraban a bañarse en el lago y peinar sus cabellos. Un día, cuando estaban en eso, surgió de las aguas un hombre desnudo. Antes de que pudieran reaccionar, el hombre tomó con una fuerza inaudita a las dos mujeres y entró con ellas en el lago.

No aparecieron más.

La abuela buscó incansable a sus nietas, pero sin resultados. Se quedó sola y en su tristeza no se imaginaba qué les podría haber ocurrido. Muchos meses después, algunas personas que estaban pescando vieron a una de las jóvenes que estaba sentada sobre una piedra en medio del lago. De inmediato le fueron a contar a la abuela y a la distancia ella la reconoció como una de sus nietas. La llamó insistentemente, pero la joven no reaccionaba: continuó sentada en la piedra por unos días, hasta que de pronto salió hasta la orilla. En sus brazos llevaba un hijo pequeño.

—Hoy se cumple un año desde que desaparecimos —le explicó a su abuela—. Por eso he venido. A nosotras nos secuestró un Sumpall, el dueño del lago. No podíamos salir, no lo permitían.

—¿Por qué me dejaron sola?

—Por lo que le digo: fuimos forzadas, no era nuestro deseo. Sin embargo, le debo decir que allá debajo de las aguas hay mucha comida, carne, granos y pescados. Allá la gente es rica, no pasa hambre y vive feliz. Recién ahora me dieron permiso para venir con mi pequeño hijo.

—¿Tienes que volver?

—Sí, estoy obligada. Pero quiero decirle que nosotras la vamos a ayudar: la alimentaremos muy bien y para siempre.

La joven se fue y volvió a las aguas desde donde había aparecido.

A la mañana siguiente la abuela amaneció muy triste, pero, como todos los días, se acercó al lago para sacar agua y llevarla a la *ruka*. Cuando llenó una gran vasija con agua, vio que dentro nadaban muchos peces. Los cocinó y después, cuando retornó a buscar más agua, más peces volvían a salir. También había en abundancia mariscos y cangrejos.

Se sintió muy afortunada, porque ahí supo que jamás volvería a pasar hambre: era lo que su nieta le había prometido.

Y ocurrió que un día se apareció su otra nieta, quien también le narró la feliz vida que llevaba la gente debajo de las aguas.

—Me alegro mucho de que sea así —le dijo la abuela—, pero yo necesito que se quede aquí, que viva conmigo de nuevo, me cuide y me acompañe. Me siento muy sola.

Cuando terminó de decir eso, brotó de la nada un fuerte viento que rápidamente envolvió a la muchacha y se la llevó por los aires.

Nunca retornaron sus hermosas nietas, pero siempre cumplieron su palabra y alimentaron a su abuela por el resto de su vida.

"Los relatos de los Sumpalles están en todas partes de la Araucanía, ya sea en los ríos, lagunas o el borde del mar. Se puede decir que, en lo fundamental, refieren la necesidad de los equilibrios entre la naturaleza y las personas. Lo que se le quita a la naturaleza, a los mares, a los ríos, debe ser devuelto. Y cuando la naturaleza nos despoja de algo, por ejemplo cuando se ahoga una niña, nos lo restituye en comidas, en peces. Es un sistema de reciprocidad entre los seres humanos y el mundo que les rodea. En el mundo cultural mapuche tradicional no existía la idea de 'extracción' sin devolución" (José Bengoa).

Se cuenta que Mankián (o Manquián) era, hace mucho tiempo, un joven mapuche que acostumbraba a mariscar junto a su familia en la zona de Queule, actual provincia de Cautín. Él amaba el mar y se deleitaba pescando, recogiendo mariscos y le parecía gozoso nadar en las aguas y enfrentar las olas. Le gustaba el bramido de las rompientes, la caricia de la arena y el aroma salado que desprendía cuando reventaba en la orilla.

Una mañana, como tantas otras, fueron en grupo a mariscar. Al entrar en el agua, junto a unas rocas, Mankián se sintió tan bien, rodeado por la envolvente marea, que dijo:

—Si fueras mujer te querría para siempre y me casaría contigo.

Entonces se escuchó un susurro, al parecer de un Sumpall, que decía:

—Ya que me quieres tanto, te acabas de casar conmigo.

Después de escuchar esto, Mankián pisó una roca que sobresalía del fondo de la arena, oculta bajo el agua, y esta roca le atrapó un pie, rodeándolo con su materia de piedra y mineral. El joven intentó desprenderse y correr hasta la orilla, pero en ese momento su otro pie también fue atrapado.

—¡Ayúdenme! —gritó hacia quienes estaban en la playa—. ¡No me puedo despegar, no puedo salir!

Rápidamente algunos miembros de su familia corrieron a ayudarlo. Lo tomaron por la cintura y tiraron con fuerza su cuerpo, pero no pudieron levantarlo, por más que insistieron.

Cuando supo lo que ocurría, llegó su madre y nadie supo explicarle qué le había ocurrido a Mankián. Ella entonces pidió instrumentos duros que sirvieran para romper la piedra a la cual el joven estaba tan firmemente adherido. Cuando lo hicieron, el joven lanzó lamentos de dolor y así lo gritó a quienes golpeaban con firmeza la roca:

—¡No lo hagan, no lo hagan! ¡Están golpeando mis pies!

Incrédulos, quienes descargaban golpes en la roca siguieron con su faena, mientras Mankián seguía quejándose. Solo se detuvieron cuando vieron brotar de ella sangre que manchó de color rojo las aguas del mar.

No había nada que hacer. Impotente, la familia del muchacho vio cómo en los días siguientes sus pies se convirtieron en piedra y este proceso continuó lentamente hacia sus piernas.

Le hicieron una rogativa, pero sin resultados: paulatinamente su cuerpo siguió transformándose en piedra. Mankián se fue resignando a su nuevo estado y así se lo dijo a su madre, sus hermanos y tíos que lo acompañaban:

—No importa, nada terrible me pasa. No me siento mal, no rueguen más por mí. Solo les pido que cada cierto tiempo me dejen diez cantaritos de *mudai* a la orilla del mar.

Así lo hizo su madre, quien encontraba los cantaritos vacíos cada vez que volvía a la playa.

Mankián se transformó, definitivamente, en piedra, fundiendo su cuerpo con las rocas marinas.

Su figura quedó tenuemente diseñada en una gran piedra que el mar rodea incesante, día y noche, y salpicándolo de espuma. Es la permanencia del amor que algún día Mankián le declaró a esas aguas tumultuosas y que ellas correspondieron en matrimonio.

Como compensación, el mar deposita cada cierto tiempo una gran cantidad de peces y mariscos en la orilla cercana a Mankián, que su familia recibe con gratitud.

El Mankián es otro de los mitos más populares de la tradición mapuche y tiene varias versiones, aun cuando lo esencial se mantiene en todas ellas: un joven —o niño— es atrapado en una roca y progresivamente se convierte en piedra, en un fenómeno conocido como litificación. (En algunos relatos ello ocurre porque este personaje se ríe de la forma de las rocas y estas lo castigan). En cualquier caso, es probable que esta metamorfosis se deba a que es una metáfora —o representación simbólica— de la estrecha relación de este pueblo con la naturaleza. La pasión del muchacho por el mar provoca una auténtica fusión con este, al punto de convertirse él también en un elemento pétreo que siempre vivirá junto al agua. Aquí hay algo más que identificación con la naturaleza inanimada: es pasar a ser como ella, incorporándose a esa forma de existencia.

Existió en el siglo XVII un *lonko* mapuche llamado Juan Manqueante (Cóndor de Sol). Era originario de la Mariquina y, a pesar de su origen, se alió con los españoles desde la incursión holandesa de 1643 hasta el levantamiento indígena de 1655. Se había convertido al catolicismo, desechando la religión huilliche que profesaban su familia y su pueblo.

En aquella época existía un sendero costero como vía de comunicación que unía el valle de la Mariquina (Maricunga), con la zona del río Toltén. Durante el trayecto se debía atravesar un estrecho desfiladero conocido como La Punta de Nigue, donde existía un hermoso manantial al cual la gente del lugar le atribuía poderes mágicos.

Manqueante, habiendo dejado atrás los cultos de su pueblo, se burlaba de aquella creencia, negando que esas aguas tuvieran la fuerza de hacer el bien o el mal. Fue así que viajando desde sus dominios de Mariquina hacia Toltén, acompañado de su hermano Tanamilla, hizo un alto junto a la vertiente de Nigue para beber de sus frescas y limpias aguas. Cuando hubieron llenado trastos de agua, Tanamilla le sugirió a Juan que pidiera un favor, una petición o rogativa al agua que caía generosa y así cumplir con la tradición. Pero Juan, mofándose de su hermano, en lugar de una gracia solicitó una terrible desgracia. Se plantó ante el manantial y con voz potente dijo:

—¡Te desafío a que me conviertas en estatua de piedra!

Después de esto, Juan Manqueante trató de bajar de la roca donde se había subido y así continuar el viaje. Sin embargo, le fue imposible: sus pies estaban adheridos a esta y no podía moverse. Tanamilla trató de ayudarle a zafarse, pero nada logró, ya que estaba aferrado de tal manera que no podría desprenderse.

Recordando las enseñanzas de niñez y juventud, Juan se dio cuenta de que aquello era un castigo por haber renegado de sus creencias originarias, al punto de que se burlaba de ellas. Pidió salvación al dios cristiano y no tuvo respuesta. Pidió misericordia a Nguenechén, pero no hubo perdón.

Tres días duró la completa transformación de este ser viviente en piedra inerte: en ese lapso, desde sus pies hasta su cabeza se fueron petrificando lentamente.

Su hermano narró este suceso a la comunidad y de todos los confines de la zona acudieron las personas a Nigue a comprobar lo que había ocurrido. Para ellos, ahora era un *lonko* encantado. Su esposa fue a visitarlo. Acarició su rostro con la mano y vio cómo allí se derramaban lágrimas de sangre. Huyó despavorida ante algo tan sobrenatural. Después de esto nadie nunca se atrevió a tocar aquella enigmática figura de dura roca.

Allí quedó.

Con el correr del tiempo, la estatua de Manqueante, como secuela de sismos y maremotos, quedó ubicada en la resaca del mar. Los pescadores de Mehuín y Queule dicen que esa zona es increíblemente rica en peces y abundante en moluscos, sobre todo *machas,* que ellos aprovechan en cada temporada. Sin embargo, a pesar de estas generosas entregas, nadie se atreve a acercarse mucho a esta figura humana petrificada que les beneficia, por temor a que les suceda una desgracia. Las recogen y respetan a quien se las concedió.

Son muchas las leyendas que hablan de estas personas petrificadas a las cuales se les rinde culto. Algunas son niñas que se convirtieron en piedra. La más famosa está en la ciudad de Llay-Llay y forma parte de ciertas prácticas espirituales muy populares. Según la leyenda, había una niña de siete años que vivía en este lugar con su madrastra, ya que su madre había muerto y su padre se había vuelto a casar. Trabajaba duramente cuidando las cabras y en las labores de su casa. La madrastra la trataba muy mal y la castigaba continuamente. Un día que estaba muy afligida la mandaron a buscar leña al cerro y ahí le rezó a su madre para que hiciera algo, ya que no quería regresar nunca más a su casa. Como no volvía, la fueron a buscar y encontraron una piedra con la forma de la niña. Desde ese momento, los lugareños le prenden velas y le hacen rogativas.

Principales animales mitológicos del pueblo mapuche

Cahua-Cahua

(Cagua-Cagua, Kawa-Kawa)

Según una leyenda neuquina, es una enorme víbora que se traslada de árbol en árbol y puede dar saltos de hasta treinta metros. Su aliento es mortal y sus gritos estridentes, parecidos al bufido de un *toro*, que son interpretados como anunciadores de lluvia. Habitualmente se encuentra cerca de lagos y ríos. Su cuerpo está cubierto de todos los pelos de los animales existentes y aquellos que logran arrancarle un par tendrán una larga y afortunada vida.

Puede habitar cerca de montes o volcanes. Le gusta enrollarse al tronco de los alerces. Se dice que emite un silbido con el que atrae a su presa para luego alimentarse de su sangre y devorarla. Contra lo que pueda parecer, este es un ser protector, ya que cuando se invocaba su poder ayudaba en la guerra contra los invasores.

Colo-Colo

Es uno de los animales mitológicos más conocidos del imaginario mapuche. El Colo-Colo es representado como un lagarto o culebra con patas que se puede transformar en una rata emplumada parecida al vampiro. Se alimenta de la saliva, mucosas y sangre de las personas, provocando su progresivo adelgazamiento y finalmente su muerte. Su origen se debe a la degeneración de un huevo de gallo, producto del sol, el cual debe ser quemado de inmediato para evitar que se convierta en un Colo-Colo. Esta criatura nocturna sale de su escondite por las noches para ingresar a las casas donde, aprovechando el sueño de sus moradores, les succiona la saliva, dejándolos con una tos seca, señal de su muerte próxima.

Si se descubre que habita en el hogar, se debe recurrir rápidamente a la ayuda de una *machi*, la cual podría eliminar a esta fatídica criatura. En caso contrario, no dejará la casa hasta acabar con todos los que ahí habitan.

Furufuhue

Ente mitológico vinculado con el viento patagónico. Es representado como un gran pájaro que en lugar de plumas tiene el cuerpo cubierto de escamas y solo puede ser visto a contraluz. Nadie sabe dónde anida ni de dónde viene, pero explican que su potente silbido, similar al del viento, puede oírse desde cualquier lugar. Se cuenta que el Furufuhue es el único que puede sobrevolar la cima del volcán Tronador, donde habita un Pillán que tiene petrificado a dos guerreros mapuches. Cada vez que el ave pasa sobre ellos, les dedica un canto desolado.

Huallepén

(Guallipén, Aillipeñ, Aillepeñ)

Animal acuático de ochenta centímetros de alto, de aspecto desagradable y de mal agüero. Se lo describe con la apariencia de un ser compuesto por un cuerpo de oveja, cabeza de ternero y patas retorcidas. Solo puede mover sus patas delanteras mientras que las traseras debe arrastrarlas. Se le puede encontrar cerca de ríos, lagos o junto al mar; en la tierra no representa ningún peligro, pero en el agua ataca con ferocidad a animales y personas. Es muy temido por las mujeres embarazadas ya que, si lo ven, escuchan o incluso sueñan con sus gritos guturales, darán a luz un hijo deforme, rengo o inútil.

Ñirrivilu

(Ngueruvilu, Ngurufilu)

Monstruo mitológico con distintas acepciones sobre su fisonomía. Literalmente significa "serpiente-zorro". Algunos lo vinculan con un hurón extinguido en la actualidad y otros con un gato gigante. Sin embargo, la tradición más fuerte es la que lo describe como un reptil acuático con cabeza de zorro y cola de serpiente. Habita en zonas pantanosas y posee una fuerza descomunal. A sus presas las envuelve con su gran cola y arrastra hasta el fondo de las aguas hasta ahogarlas y posteriormente alimentarse de ellas. Puede saltar sobre los caballos, agarrándose a las ancas con sus uñas. Los caballos caen al agua con su jinete, apareciendo este último, días después, muerto y sin sangre.

Maúlla como un gato si alguien lo hiere.

También puede alimentarse de sangre humana y ataca a quienes transitan cerca de los ríos o intentan cruzarlos. No suele salir a la tierra, ya que este cambio le provoca terribles temblores en su cuerpo, como si estuviera sintiendo un gran frío.

Pájaro Tue Tue

(Chonchón)

Este pájaro fantástico está presente en gran parte de la zona central y sur de Chile. Está basado en una pequeña lechuza (chuncho) y posee una connotación negativa. Se le vincula con fuerzas malignas, con el diablo y los brujos. Se dice que anuncia muertes, enfermedades y catástrofes a través de su grito que suena como "Tue Tue". En este ser alado se convierten los brujos para efectuar sus salidas nocturnas y asistir a su cita en el *renü*, la caverna donde se reúnen: desprenden sus cabezas del cuerpo y sus orejas se transforman en alas, asimilándose a un ave. El cuerpo, durante la ausencia de la cabeza, debe quedar de espaldas: de otro modo no podría reunírsele a su vuelta. Muchos cuentan que no se les ve: solo se puede escuchar su graznido.

Se combate a través del fuego: se enciende una hoguera y se echan en ella ajíes y sustancias fuertes. También se recurre a colocar sobre un asiento tijeras en forma de cruz.

Piguchén

(Piuchén, Pihuichén)

Es una criatura que se alimenta de sangre. Con esta palabra también se designa al murciélago o vampiro común (lo más probable es que esta leyenda se inspiró en este animal). Posee una apariencia cambiante; generalmente se le describe como una culebra voladora de alrededor de medio metro de largo, pero también puede retratarse como ave, pez, cuadrúpedo, rana, murciélago y hasta humanoide o, igualmente, una mezcla de ellas.

Este animal posee una longevidad increíble y una fuerza tan poderosa que es capaz de derribar grandes árboles. Habita en los bosques adherido al interior de los troncos huecos en las noches y en los días de calor excesivo. Las personas pueden detectar su presencia por sus agudos silbidos que emite de forma estridente o por los rastros de sangre que deja, similar a un excremento rojo que chorrea de los árboles en donde se oculta.

El Piguchén también se puede localizar cerca de lagos y ríos, donde su presencia ocasiona un gran pánico en la población: produce una sustancia irritante que se transmite por el aire o el agua, ocasionando erupciones en la piel muy similares a la sarna. A veces se ubica debajo de las casas, pudiendo provocar enfermedades o males a los moradores como, por ejemplo, que se vuelvan extremadamente flacos.

Por otro lado, aquellos que tienen la desgracia de contemplarlo quedan petrificados debido a su intensa mirada. Excepcionalmente puede atacar al ser humano, pero es más común que se alimente de la sangre que succiona de ovejas, cabras u otros animales, evitando aquellos de color blanco a los cuales no haría daño. Cuando enflaquece el ganado sin una causa aparente, se le atribuye a la presencia del Piguchén. Actualmente, algunas personas lo asocian con el mito del chupacabras.

Trelquehuecufe

(Trelwekufe, Trelque, Cuero Maligno)

Especie de pulpo de color gris, con aspecto de pellejo de vacuno. Vive en el agua, alimentándose de los seres vivos que se adentran allí, a los cuales mata, envolviéndolos y con su ancho cuerpo.

Habita en el fondo de los ríos y lagos. Su cuerpo consta de muchos tentáculos y ojos: observa a las personas o animales que se acercan a la orilla. Tiene garras y tenazas y es el terror de los bañistas, porque los ataca enrollándolos con sus enormes y fornidos tentáculos y los arrastra hasta el fondo de las aguas, donde les chupa la sangre. Después de saciar su apetito los suelta, dejando que la corriente se los lleve.

El Trelquehuecufe también rapta a niñas mapuches que van a la orilla del río.

GLOSARIO DE NOMBRES Y TÉRMINOS

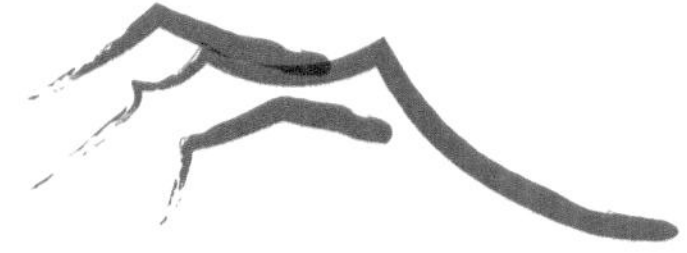

Alwe Mapu

También llamado Alhue Mapu. Según la espiritualidad mapuche, es el lugar donde arriban las almas de quienes han muerto. Está ubicado hacia el Oeste y para llegar ahí hay que cruzar una laguna o el mar. Según algunas tradiciones, el encargado del viaje es un balsero (Nontufe), un ser masculino o femenino que vive al interior de las aguas y que tiene muy mal genio. Este ser vive en la costa de Arauco, frente a la isla Mocha. Según otra tradición, el traslado estaría a cargo de unas ancianas convertidas en ballenas (tempulkalwe). El pago se efectúa mediante llankas verdes, que son monedas de piedras horadadas que los parientes colocaban sobre el pecho de quien había fallecido.

Arcoíris

Este fenómeno de la naturaleza está asociado a una de las más hermosas aves que habita en casi todo el territorio chileno: el pájaro Siete Colores. Según la leyenda, esta avecita era muy traviesa y al momento de aparecer ese gran arcoíris después del diluvio, trató de atravesarlo, intento que fue muy difícil, ya que no podía desprenderse de la tupida red suspendida en el cielo. Cuando por fin logró cruzarlo, su cuerpo se había teñido de todos los colores que mantiene hasta hoy.

Epew

Cuento, relato, fábula, epopeya, leyenda.

Huecuve

También conocido como huecufe, wekufü, watuku o huecufu. Designa de manera muy amplia el concepto del mal, entendido como una fuerza que actúa en contra de las personas y de los animales, a quienes puede enfermar y llegar a matar. Es un espíritu maligno que puede encarnarse en una tempestad, en un monstruo o incluso en un jinete negro que galopa en la noche, los que se convierten en instrumentos de lo maléfico. Puede manifestarse de múltiples formas: seres antropomorfos (*Trauko*, Punfüta, Punkure) y fenómenos de la naturaleza como cometas (Cherruve) y remolinos (Meulen). Posee a algún ser que se ve "invadido" y manejado por esta fuerza. Los Huecuves son enemigos de la humanidad. Su horrible presencia anuncia los males y las desgracias que matan. Habitan en el Munche Mapu, que acoge a los espíritus negativos, los remolinos y la actividad volcánica. Los mapuches lo conjuran usando cruces de palki, ramas de canelo y quemando substancias fuertes y olorosas, como el ají o el estiércol del caballo.

Imbunche

También conocido como Infunche o Ivunche. Literalmente sería "persona deforme". Se trata de seres vivos no naturales pertenecientes a la mitología mapuche, "fabricados" por los brujos a través de aberrantes procedimientos: básicamente criar un niño con una pierna pegada en la nuca y la cabeza vuelta hacia atrás. De esta manera crece con los brazos, dedos, nariz, boca y orejas torcidos, y una lengua partida en dos. Anda en una sola pierna o en tres pies (una pierna y las manos). El imbunche no puede hablar, limitándose a emitir sonidos guturales, ásperos y desagradables. Sirve a las brujas para realizar sus hechicerías, venganzas y maleficios. Los imbunches están siempre encerrados en sus cuevas, donde desnudos y redondeados por la hinchazón, a causa del taponamiento de las vías excretoras, les alimentan con carne de recién nacidos o fetos abortados. Van desnudos y salen de la cueva solamente en las grandes festividades, acompañados por los brujos. En términos generales, esta palabra sirve para designar aquello monstruoso, diabólico o maléfico.

Kawuin

Reunión, banquete, lugar de reunión. Por extensión, se utiliza como fiesta o agrupación de familias. Sin embargo, este término ha derivado en Chile en cahuín, que significa "situación confusa" o "intriga". (Un "cahuinero" es una persona intrigante, chismosa o entrometida).

Kultrún

Tambor sagrado de las *machis*. Instrumento de percusión de entre 35 y 40 cm de diámetro superior. Su altura no sobrepasa los 15 cm. Se fabrica ahuecando un trozo de madera de canelo, laurel o lenga, hasta que toma la forma de un cono cóncavo. Allí se le cubre con un trozo de cuero de cordero o de caballo, amarrado con ataduras de cuero. Sobre esta superficie se dibuja la imagen del cosmos según la concepción mapuche.

Lonko

En mapudungun, longko significa "cabeza". Es el jefe y máxima autoridad de grupos de familias (lof) que vivían en *rukas* (o casas actuales) pertenecientes a comunidades vecinas. Todas estas familias están relacionadas en torno a un antepasado común. Es frecuente la colaboración entre ellas. No cualquiera puede ser lonko. Debe poseer diversas cualidades: inteligencia, credibilidad, experiencia, capacidad de liderazgo y negociación. Debe ser capaz de enseñar y fortalecer la cultura y la espiritualidad mapuche. Para la elección final del lonko, se postulan varios candidatos. Toda la comunidad participa en la elección, discutiendo sus pro y contra, socializando, conversando. Antes de la decisión final pueden transcurrir cuatro y hasta seis meses. La elección final se realiza en la cancha ceremonial del Nguillatún.

Macha

Molusco bivalvo que es frecuente encontrar en la costa occidental de América del Sur. Se entierran en la arena con los grandes oleajes. En España su equivalente es la navajuela. Es extraído para el consumo humano. Su nombre es de origen mapudungun, como tantas otras palabras que seguimos utilizando hasta hoy. Por ejemplo:

Cochayuyo: alga comestible.
Concho: borra, sedimento.
Chape: trenza.
Charqui: carne seca.
Charquicán: trozos de carne cortada y preparado con otros alimentos.
    Revoltijo.

Chuico: originalmente *chuyco,* tiesto o tinaja cónica y de boca estrecha.

Guata: originalmente *huata,* que designa a la panza o barriga.

Laucha: ratón, pequeño roedor.

Pichintún: originalmente *pichintu,* delgado; significa escaso, poca cantidad.

Piñén: mugre adherida al cuerpo por desaseo. Originalmente es *pigen,* que significa "enfermedad de la piel".

Poncho: manta, ruana.

Quiltro: originalmente *quiltru,* perro chico, lanudo. Hoy hace referencia a un perro que no es de raza.

Ulpo: bebida hecha sobre la base de harina tostada y agua fría.

Yapa: añadido, agregado, algo que se da sin obligación.

Machi

Mujer que posee un gran conocimiento de las propiedades sanadoras de las hierbas y otros elementos de la naturaleza, y cuya vigencia permanece hasta hoy. Es la curandera oficial de los enfermos. Más allá de eso, las *machis* (son pocos los hombres que ostentan este título), o chamanas, tienen poderes de comunicación con los espíritus que habitan el mundo religioso del pueblo mapuche a quienes consulta por pedido de la comunidad. Es la oficiante en las ceremonias sagradas. Cuando se sabe que alguna muchacha tiene tal vocación, es sometida a un largo proceso de preparación y aprendizaje. La vigencia de este oficio se mantiene fuertemente hasta hoy, aun cuando durante la evangelización de la Iglesia católica fue perseguido.

Así describe el oficio de la *machi* el *lonko* Pascual Coña en sus memorias *Testimonio de un cacique mapuche* (1881):

"Poco antes de rayar el día sale la *machi* de su casa y se para al pie de su *rewe*. Allí toca su caja y canta. Oración oficial o pillantún se llaman esas rogativas. Rezan así: «Hoy, pues, me levanté antes del amanecer a hacerte rogativas, porque tenía una visión. Benignamente me escucharás; soy tu *machi* y en el ensueño me has ordenado: 'Antes que aclare, te levantarás'. Con ese motivo, pues, me levanté, voy a presentarte oraciones, padre dios, que en las alturas estás; soy *machi* por mandato tuyo y mis oraciones me las has sugerido tú. Hoy te ofreceré la oración de oficio parada junto a mi lindo *rewe*. Ese es el lugar donde me arrodillo mientras que profiero mis oraciones, aquí me manifestarás en la visión lo que ha de suceder. Acércate, pues, benévolamente a mi *rewe* y habla conmigo. Antes del alba os hago rogativas, o ulmenes de las alturas. Vosotros tenéis nguillatunes en el cielo, o seres divinos; lleváis enarbolada vuestra vistosa bandera. ¡Qué bonita está al relumbrar sobre la tierra! ¿Qué va a traer el futuro? ¿Cómo será el año? Ruega por nosotros que salga bueno y no malo, para que lo pasemos bien, yo y los que has confiado a mi cuidado»."

Machitún

Tradicional ceremonia de curación de un enfermo que lleva a cabo una *machi*. Aun cuando las medicinas que utiliza están basadas en virtudes específicas de la naturaleza, especialmente los vegetales, este rito también supone un contacto con los espíritus superiores que le ayudan para exorcizar el mal de la persona afectada. En la tradición mapuche, se supone que la enfermedad de una persona está provocada por la invasión de algún mal. Por ello, la *machi* y sus asistentes ahuyentan al *Huecuve* con gritos, sonajeros, tambores y palos para que salga del cuerpo del doliente, con sahumerios y fuertes substancias vegetales.

Makuñ

Manta de los hombres, poncho. En el caso de las mujeres, su nombre es Ükülla (chal). La tradición textil mapuche se remonta a épocas precolombinas. Los distintos grupos realizaban tejidos con lana de camélidos teñida con colorantes de origen vegetal y mineral. Posteriormente, la rápida incorporación de la oveja, traída al continente americano por los colonizadores, implicó una nueva materia prima que produjo un rápido aumento de la producción textil. Las prendas tejidas se constituyeron en artículos de intercambio y comercialización de gran importancia, tanto con los españoles como con los habitantes de las pampas argentinas. El tejido en telar mapuche es una tarea exclusivamente femenina, aprendida desde pequeñas y reservada al espacio doméstico. Los mapuche denominan a las arañas Lalén y la leyenda dice que Lalén Kuzé y Lalén Fuchá (Araña Vieja y Araña Viejo) son los espíritus tutelares del tejido. Por ello, las telarañas deben ser colocadas en la palma de las manos y los dedos de las niñas para que sientan vocación por este arte. Según la leyenda, las arañas descienden de los techos para prenderse del pelo de las jóvenes y así trasmitirles la sabiduría del tejido ancestral.

Mapu

En la cosmovisión mapuche, este término abarca todo el ámbito terrestre, no solo el suelo o el espacio geológico sobre el cual vivimos. Es el universo palpable y el espiritual. En el Mapu los seres humanos viven, trabajan, tienen descendencia y ahí se enfrentan las fuerzas positivas y negativas. El Mapu está dividido en cuatro partes que corresponden a los puntos cardinales.

Muday

Tipo de bebida alcohólica tradicional del pueblo mapuche, fabricada gracias a la fermentación de granos de cereales tales como el maíz, el trigo o semillas como el piñón. Es equivalente a la chicha de maíz de otros pueblos aborígenes del centro y sur de Chile y Argentina.

Pelo Vivo

Según la leyenda, los cabellos de las personas que caen al agua de los ríos y lagos se convierten en hilos muy finos que cobran vida en esta condición. Si sienten nostalgia por aquel a quien pertenecían, se clavan en su piel, formando úlceras malignas que pueden llegar a matarlo. A veces estos pelos vivos se juntan y forman una trenza que es capaz de estrangular a los bañistas. En rigor, se trata de los nematomorfos o gordiáceos, que son un tipo de gusanos parasitoides que pueden alojarse en animales y seres humanos.

Pucatrihue

Esta caleta donde está la roca que cobija al Abuelito Hueteao, según se cuenta, ha sufrido algunos atentados que pretendían destrozarla. Según la investigadora Sonia Montecino, "Muchas veces se ha querido destruir la morada de Huenteao en Pucatrihue, pero los intentos han sido vanos. Un colono alemán que trató de hacerlo murió al estrellar su avión en la roca que estaba oculta tras una densa niebla; otro que quiso instalar una población, se internó en el agua para medir sus profundidades, pero el mar se levantó y lo encerró por tres días, al cabo de los cuales prometió no regresar ni tocar jamás la roca; lo mismo ocurrió con unos wincas —personas no huilliche— que trataron de dinamitarla".

Püllü

Espíritu de una persona, algo que va más allá de su existencia física y que siempre lo acompaña. En sueños se puede desprender de esa persona y desplazarse hacia otros lugares. Es quien le otorga el temperamento (alegría, inteligencia, viveza), y también su vocación: tejedora, *machi*, cazador. Es el soplo de vida que anima a los seres humanos y que se hereda de los antepasados. Cuando alguien muere se convierte en un Am, que es un espíritu que durante un tiempo se mantiene cerca de los lugares donde vivía y de las personas que frecuentaba. Cuando ya nadie le recuerde ni honre su memoria, viajará hasta el *Wenumapu*, cuyo arribo puede tardar varios años. En este tránsito, puede ser capturado y hecho prisionero por los brujos (kalku), convirtiéndose en un espíritu maligno. Si consigue habitar el *Wenumapu*, pasa a ser un espíritu tutelar que protege a su familia.

Pünonchoike

La que para nosotros es la Cruz del Sur, para los mapuches es Pünonchoike, que significa Pata del Avestruz. Este nombre se debe a que los mapuches consideran que esta constelación se asemeja a "un avestruz corriendo hacia el Sur" y su misión es guiar en el camino medio de la oscuridad. Su presencia en lo alto se debe, según la leyenda, a que en cierta ocasión un gran macho de avestruz huía de los cazadores y logró remontarse a las alturas trepando por el *arcoíris*. Un cazador le lanzó una boleadora, que también se perdió arriba. El ave (Choique) estampó la huella de su pata en el cielo, creando el conjunto de estrellas de la Cruz del Sur y la boleadora suspendida dio origen a las después llamadas Tres Marías (Weluküla).

Rewe

Pedestal de madera sobre el cual la *machi* lleva a cabo los rituales religiosos, especialmente el Nguillatún. Está formado por tres palos de canelo, maqui y laurel amarrados entre sí y revestidos con ramas de las mismas especies. Tiene una escalinata de siete peldaños que simboliza la subida al Cielo, donde la *machi* se comunica con los espíritus y recibe sus inspiraciones y visiones. Cada una de ellas posee su propio rewe instalado frente a su *ruka*. Originalmente, este vocablo significa "el puro". También rewe se puede referir a una especie de pabellón o símbolo representativo de una determinada comunidad.

Ruka

Construcción básica y tradicional para la vida de los mapuches y la más importante dentro de su arquitectura, aun cuando en la actualidad no es un hábitat muy recurrente. Su construcción es de carácter colectivo y varía de acuerdo con la zona donde se construye. Su superficie va entre los 120 y 240 metros cuadrados. Se utilizan los elementos naturales que rodean el lugar, tales como árboles, varas de coligüe, totora. Normalmente el techo es de junquillo. La ruka tradicional es ovalada o redonda. Tiene una sola entrada principal abierta hacia el Este, orientación que expresa la preferencia cosmológica mapuche por el pwelmapu (Tierra del Este). En los extremos superiores del techo presenta aberturas de tipo triangular que permiten la salida del humo del fogón y la ventilación. El interior tiene tres zonas muy definidas: el fondo, donde se almacenan los alimentos y utensilios; al centro, donde está el fogón, y los sectores laterales, donde se duerme.

Toqui

Originalmente se refiere a un instrumento que parte y divide, es decir, un hacha (thoquin). Por extensión denomina a quien manda y distribuye, la autoridad, y su símbolo es esa hacha elaborada de pedernal negro. El toqui era elegido en una asamblea de *lonkos* de las distintas comunidades que se unían en la guerra, formando una agrupación denominada rewe. Es decir, se trataba de un cargo esencialmente militar, nominado para un periodo específico (no era vitalicio ni hereditario). Su mandato duraba lo que durara la guerra o la situación excepcional (un terremoto o una gran inundación, por ejemplo), siempre que los *lonkos* lo aceptaran. Para elegirlo se recurría a su fama y habilidad como guerrero, e incluso a su capacidad oratoria que le permitiera guiar a quienes entraban en combate.

Toro

Este animal está ligado a varias leyendas del pueblo mapuche, destacándose su fuerza e imponente presencia. Habitualmente se le asocia con fuerzas negativas. Una de esas leyendas da el nombre a la Laguna del Toro, ubicada en lo que hoy es el parque nacional Laguna del Laja. Se cuenta que un joven huilliche estableció una gran amistad con un toro y juntos recorrieron esas boscosas zonas. Sin embargo, un día el joven se enfermó y murió a los pies del animal. Fue tanto el dolor y la rabia del toro que escarbó la tierra hasta cavar un gran foso donde depositó el cuerpo de su amigo. A las pocas horas arreció un gran temporal que llenó de agua esa cavidad, dando origen así a la Laguna del Toro.

Otra leyenda cuenta que después de la lucha entre las serpientes Cai Cai y Tren Tren, un inmenso toro quedó cuidando el volcán Villarrica: su misión es afirmar el volcán para que cuando haya erupciones y temblores las personas no resulten afectadas.

Tralkán

En mapudungun, trueno. Se dice que el espíritu de los guerreros muertos en la batalla viaja hasta llegar a un cerro muy alto, cuya cumbre desaparece entre las nubes. Ahí, estos guerreros continúan combatiendo y los truenos y relámpagos anuncian la victoria de uno de los bandos en pugna.

Trauko

Ser mitológico que vive en los bosques y que varía de características de acuerdo a la comunidad que lo define, aun cuando en todos los casos coincide con que se trata de alguien maléfico. Es particularmente conocido en la zona de Chiloé. Es de estatura pequeña, de carácter maligno, vestido de totora y que anuncia su presencia con fuertes y sonoros hachazos. Su mirada es tan terrorífica que puede dañar el cuerpo de la persona a quien mira y esta queda postrada en el suelo con síntomas de parálisis. Su aliento y su contacto son dañinos. Tiene feas facciones, como un ogro. Sus piernas terminan en los tobillos. Se desplaza por los bosques llevando un bastón retorcido llamado pahueldún y una pequeña y mágica hacha de piedra con la cual se dice que es capaz de cortar cualquier árbol con tan solo tres golpes. Se cuenta que esta criatura tiene una fuerza descomunal y puede hacer daño a distancia, siendo capaz de deformar la cara o quebrar los huesos de una persona con solo mirarla. Una de sus características más destacadas es que seduce a las mujeres lanzándoles su aliento. Las enamora y las deja embarazadas.

Wenumapu

Tierra de arriba o superior, el Cielo, un espacio de la fuerza del bien donde reinan la armonía y el orden. En este lugar habitan los espíritus más importantes, el Sol, la Luna y los espíritus protectores, quienes —en el concepto más antiguo— desempeñan las mismas actividades que los humanos en el *mapu* (Tierra). Sus colores son azul, blanco y amarillo. A ese lugar llegan las almas de las personas muertas, después de un largo viaje, donde vivirán de la misma forma que en la Tierra, aunque sin carencias ni sufrimientos.